［比］马塞尔·瓦赞 著

李蕴珠 译

爱因斯坦和众魔鬼

图书在版编目（CIP）数据

爱因斯坦和众魔鬼／（比）马塞尔·瓦赞（Voisin, M.）著；李蕴珠译.—北京：知识产权出版社，2015.5
ISBN 978-7-5130-3433-3

Ⅰ.①爱… Ⅱ.①瓦…①李… Ⅲ.①话剧剧本-比利时-现代 Ⅳ.①I564.35

中国版本图书馆 CIP 数据核字（2015）第 070346 号

责任编辑：刘 睿 文 茜		责任校对：董志英	
文字编辑：文 茜		责任出版：卢运霞	

爱因斯坦和众魔鬼
Aiyinsitan he Zhong Mogui

［比］马塞尔·瓦赞 著 李蕴珠 译

出版发行：知识产权出版社 有限责任公司	网　　址：http://www.ipph.cn
社　　址：北京市海淀区马甸南村 1 号	邮　　编：100088
责编电话：010-82000860 转 8113	责编邮箱：liurui@cnipr.com
发行电话：010-82000860 转 8101/8102	发行传真：010-82000893/82005070/82000270
印　　刷：北京富生印刷厂	经　　销：各大网上书店、新华书店及相关专业书店
开　　本：880mm×1230mm 1/32	印　　张：4.25
版　　次：2015 年 5 月第一版	印　　次：2015 年 5 月第一次印刷
字　　数：106 千字	定　　价：15.00 元
京权图字：01-2014-8466	
ISBN 978-7-5130-3433-3	

出版权专有　侵权必究
如有印装质量问题，本社负责调换。

亲爱的中国读者们：

我真的感到太幸福了，这是因为我的书就要在世界上一个变得越来越具有国际价值的文化中心——中国出版发行了。

我希望书中的主要人物、杰出而奇特的爱因斯坦能使你们感兴趣，因为这位伟大的、学识渊博的科学家也是一位对世界的公平正义充满忧心、尊重所有人民的人文哲学家。

我希望你们将赏识到他的坦率和幽默，那是智慧与自由的朕兆；同时你们将发现历史长河中的一个重要时代——不仅仅是欧洲的，也是全世界的，科学问题对于人类及其未来至关重要。

我还希望你们对阅读此书感到惬意，并感到其富有教育意义。我诚挚地感谢你们对本书的关注。

马塞尔·瓦赞
2014 年 11 月 20 日

Chers lecteurs chinois,

Je suis très heureux que mon livre atteigne le public de la Chine qui devient de plus en plus un centre culturel dans le monde qui prend une valeur internationale.

J'espère que le personnage si extraordinaire d'Einstein vous intéressera, car ce grand savant est aussi un philosophe très humain, soucieux de justice mondiale et de respect de tous les peuples.

J'espère aussi que vous apprécierez sa franchise et son humour, signe d'intelligence et de liberté.

En même temps, vous découvrirez une époque importante de l'histoire, non seulement européenne mais universelle, où les problèmes scientifiques deviennent cruciaux pour l'humanité et son avenir.

Je vous souhaite une très agréable et très instructive lecture et vous remercie cordialement de votre intérêt.

Marcel Voisin.
20/11/14.

译者弁言

马塞尔·瓦赞（Marcel Voisn）先生是比利时王国的多产的小品文、随笔作家和话剧作家。他曾任比利时蒙斯大学翻译学院院长、布鲁塞尔市终生名誉教授、蒙斯法语区高等学校负责人。他的作品多已在比利时和其他欧洲国家出版。我在比利时工作期间有幸结识瓦赞先生，成为瓦赞先生及其夫人的朋友。瓦赞先生与夫人抚育一个中国女孩，现就读于比利时鲁汶大学，攻读医科。他们曾于1995年随比利时参观团来华参观、访问，并赴我所工作的中央编译局进行文化、翻译等方面的交流与研究，参观了中央编译局图书馆，得以了解这一国家级权威翻译机构的工作。中央编译局的领导热情接见了瓦赞先生。

受瓦赞先生委托，我将他的剧作——五幕话剧《爱因斯坦和众魔鬼》译成中文出版，以献给中国的读者——科学家、科学爱好者、爱因斯坦教授的粉丝们，特别是热爱且欲了解伟大的科学家爱因斯坦的人们。同时，我还期待《爱因斯坦和众魔鬼》这一剧作作为中比文化交流项目出现在中国的话剧舞台之上，这也是瓦赞先生的衷心愿望。

值此世界伟大的科学家爱因斯坦（1879年3月14日~1955年4月18日）诞辰135周年之际，谨以此书的出版纪念为人类作出伟大贡献的物理天才和"人道主义者"阿尔贝特·爱因斯坦教授先生。我希望大家看到一位与众不同、平凡和蔼、看似邋遢不拘生活小节，但对爱人、子女、同行、朋友、青年、学生、孩子们充满热爱和期待的普通男人，伟大的普通男人——阿尔贝特·爱因斯坦。

作为一名普通的法文翻译工作者，我承担翻译这样一本关于科学家爱因斯坦的剧本，实感责任重大。由于剧本内容涉及面广，涉及专业人士多，特别是科学界和历史学界，都是我涉猎极少的方面，更感压力不小。因此，我查阅并参考很多相关书籍，目的在于更多地了解名人前辈及当代人对爱因斯坦的理解和描述，这不仅使我认识、了解并爱上了这位伟大的普通人，也对剧本的翻译工作大有裨益。我在重要之处加上脚注，并以书中人物出场先后顺序整理人名及地名录，以方便读者阅读时参考。俗话说："铁杵磨成针"，我的这本翻译"巨作"几经磨炼，也终于呈现在读者面前。

借此机会，诚挚感谢在翻译、改稿、定稿之时所有参与其中的相关专业和非专业人士的帮助；感谢我所工作的中央编译局前辈翻译家、编审鞠惠芬女士所给予的至诚指导；感谢我为之工作近15年之久的比利时王国驻华大使馆武官处武官、文化处文化参赞在确定文化交流项目及出版方面的支持；感谢我的丈夫和爱子对我喜爱的翻译工作给予的大力支持、理解和帮助。

我为纪念伟大的科学家爱因斯坦的这本好书即将问世叫好。

无论如何，《爱因斯坦和众魔鬼》对本人是一个全新的翻译领域，毕竟水平有限，且经验欠缺，有疏漏之处，热切期望专家和读者不吝赐教，自是不胜感激。

李蕴珠
甲午秋于北京

前　言

一切均开始了，它伴随着"麦克斯韦的魔鬼"——违背热力学的第二条规律，而使所有秩序于无序之中。

但是，爱因斯坦却因和谐魔鬼（或称之为神！）而充满活力。像苏格拉底一样，他对"心底魔鬼"言听计从：天才的直觉或者说固有的理念。

而另一个魔鬼却不停地促使他作自我斗争：这就是公民责任。因此，他正视全世界的魔鬼，诸如种族主义、民族主义、军阀主义、官僚主义、愚蠢荒唐、怯懦卑鄙、毫无责任，以及人剥削人，如同现实中那么多搅乱我们正常活动的、以获取最大限度利润的行为。

胡佛的美国联邦调查局之行为和麦卡锡的"捕猎巫师"纠集在一起，凸显危险，更加难以剪除，只因为它们改头换面，死灰复燃，虽然中途有所抑制，但与此同时却仍然保存其毒力，就好像今日我们所能见到的一样。

幸好，他耕耘，并培育了有益健康的魔鬼：自由且精神自律之魔鬼，有学识且具创新精神之魔鬼。他驯服异端邪说和自由思想之魔鬼。可是理想民主之魔，它飞得如此之高，却难以在地球上着陆。……他与青年人共享他们的赞助和善行，这得益于他们的天资、天赋，还得益于他们所接受过的、名符其实的教育。

但是，曾引起他为之担心的，乃是红色社会主义、监察官，特别是美国监察官控告他是共产分子。在美国，充满"冷战"，请看一看有关概述吧！

欲争取在法律面前人人平等，抨击金钱特权至上、厚颜无耻的强权，与利用"秩序"的晃子将社会和经济搞得混乱无序的行为作斗争，岂不是魔鬼附身了吗？在人道主义的慷慨中，不是看得见的、被革命所痛恨的魔鬼之双耳渐露端倪了吗？

爱因斯坦已经令世界的看法发生巨大变革。他是否也将使冠以"自然"之誉的世界精神及社会秩序发生变化吗？

那么，以上就是这位政治上固执己见的学者，一个在他生活的时代有些小丑般的、游走于钢丝般的、奇特而怪诞的杂技演员，在一把剃刀的刃口上，抓住一连串的大魔鬼和小魔鬼们，而其中某些仅仅为淘气鬼，而另一些则是害人鬼和苦修鬼。

如同天使进行斗争般的艰难。但是，在这场日复一日、年复一年、无休无止的全球性质的争斗来看，斗争究竟代表了什么？

要控制争斗，只有用充满智慧的明亮双眼去看，用宽宏大量的热情之大脑去想，更以诙谐的、永恒不衰的微笑待人又有何不好？况且此乃最佳方法。何乐而不为呢？

马塞尔·瓦赞

剧中人物

爱因斯坦（Albert instein）　1879 年 3 月 14 日~1955 年 4 月 18 日，生于德国乌尔姆市

爱尔莎（Elisa）　爱因斯坦的妻子，1919 年 6 月与爱因斯坦结婚，1936 年 12 月 20 日去世（亦译：艾丽莎）

玛雅（Maja）　爱因斯坦的妹妹

玛戈特（Margot）　爱尔莎的女儿

海伦·杜卡斯（Helen Dukas）　爱因斯坦的秘书

古斯塔夫·布吉（Gustav Bucky）　爱因斯坦的朋友

奥托-纳坦·哈恩（Otto Nathan Hahn）　爱因斯坦的朋友

尼尔斯·玻尔（Niels Bohr）　丹麦物理学家

莱奥·齐拉特（Leo Szilard）　匈牙利物理学家

保尔·罗伯逊（Paul Robeson）　黑人艺术家和战士

厄普顿·辛克莱（Upton Sinclair）　美国作家

罗伯托（Roberto）　年轻的仰慕者（粉丝）

一名物理系大学生（un étudiant en physique）　来访的青年学生

目　录

第一幕 ·· （1）
　第一场 ·· （2）
　第二场 ·· （8）
　第三场 ·· （17）
第二幕 ·· （19）
　第一场 ·· （20）
　第二场 ·· （25）
　第三场 ·· （27）
第三幕 ·· （41）
　第一场 ·· （42）
　第二场 ·· （43）
　第三场 ·· （44）
　第四场 ·· （48）
　第五场 ·· （51）
　第六场 ·· （53）
　第七场 ·· （54）
　第八场 ·· （59）
　第九场 ·· （60）
第四幕 ·· （69）
　第一场 ·· （70）
　第二场 ·· （74）

第三场 …………………………………………（79）
第五幕 ………………………………………………（87）
　　第一场 …………………………………………（88）
　　第二场 …………………………………………（89）
　　第三场 …………………………………………（91）
　　第四场 …………………………………………（100）
附录一　注解 ………………………………………（110）
附录二　地名、人名及报刊、组织的译名 …………（117）
附录三　比博里南出版社出版之自由话剧系列 ……（122）
后　记 ………………………………………………（123）
译后记 ………………………………………………（124）

第一幕

时间:1932 年 12 月。
地点:德国柏林,爱因斯坦在公寓的家中。
宽大的客厅里,爱因斯坦靠着桌子,
正在读报。他的夫人爱尔莎在幕后叫他。

第一场

爱尔莎　　阿尔伯特！
　　　　　（无应声）
爱因斯坦　（因打断他阅读报纸，他很不情愿地）
　　　　　干什么？怎么了？
爱尔莎　　我该把袜子装箱吧？
爱因斯坦　不用！
爱尔莎　　我想带着好些。
爱因斯坦　你知道我从来不穿袜子。
爱尔莎　　可你为什么如此固执呢？
爱因斯坦　我的大脚趾总是把袜子顶破。
　　　　　（爱尔莎上场）
爱尔莎　　总让女人缝袜子多不适合嘛。
　　　　　你总不能又在别人面前光脚吧？
爱因斯坦　为什么不能光脚？
爱尔莎　　可是，喂，阿尔伯特……
爱因斯坦　不是我的脚喜不喜欢袜子，而是我的大脑不喜欢。好，我自己拿吧。
　　　　　（爱尔莎做了个无可奈何的手势走出去。
　　　　　而爱因斯坦仍打趣地说）
　　　　　用我的大脑我能到处走，相信我吧。大脑不需要袜子！
　　　　　（随即他又埋头看报。）
爱尔莎　　你带睡衣了吗？
　　　　　（没有回答）

	阿尔伯特,你想不想带睡衣?
爱因斯坦	(头也不抬地)
	不带不带!你知道的,我睡觉时就是天生的模样儿。
爱尔莎	(发火的声音)
	烟斗呢,你带不带?
爱因斯坦	烟斗嘛,我用啊。
	(他继续读报。爱尔莎进来。
	他对爱尔莎说)
	他们还在虐待犹太人,在慕尼黑(Munich),在莱比锡(Leipzig)。真恐怖。
爱尔莎	人们怎么能忍受得了?
爱因斯坦	是啊。社会主义者在做什么?共产主义者呢?还有工会?
爱尔莎	政府在做什么?
爱因斯坦	我简直为政府提心吊胆。当局好像消失了一般。
爱尔莎	简直不可思议,阿尔伯特。犹太人是善良的德国人。他们就是德国人。他们有他们的生活方式。你认为还会继续吗?继续虐待他们?
爱因斯坦	我非常担心哪。那么瘫痪无力又极其致命的沉默。
爱尔莎	真令人费解。
爱因斯坦	据说14~18日的野蛮行为残酷地毁灭了人道主义,并且将侵蚀人类文明。《凡尔赛和约》(Veirsailles)简直是一个极大的错误,这确切无疑!
爱尔莎	然而还有善良的人们呀。
爱因斯坦	是的,但是现实状况扼杀了他们。在议会,他们却满足于柏拉图式的声明和政客式的手段。
爱尔莎	就这么难做吗?
爱因斯坦	是的……再有,就是恐惧。可怕的、无力的恐惧呀。从他们的眼中我感觉到他们的恐惧。我看见他们的脸上满是凝

	结的恐惧呀。
爱尔莎	我也一样害怕。
爱因斯坦	我给弗洛伊德（Freud）写了信，问他："是否还能战胜仇恨，战胜危害人们精神的毁灭性的欲望？"但是他的回答并无说服力。
爱尔莎	难道你要作精神分析法的研究吗？
爱因斯坦	我不作。看看我儿子爱德华（Eduard）遭受的苦难吧。
爱尔莎	可怜的小家伙，米列娃也很不幸……
爱因斯坦	我禁止他再作新的治疗。
爱尔莎	先前的治疗确实毫无效果。
爱因斯坦	我也不得懂得治疗。我咨询了一位专家。他给我讲述了死亡本能对生命本能的抵制。爱神厄洛斯（Eris）被希腊神话的小鬼塔诺托斯（Thanatos）打败！这很可怕，或许，这只是说辞而已！
爱尔莎	能避免这些恐惧的争斗吗？
爱因斯坦	我却只看重教育，但直至今日方知，以造就优秀人才和建立稳固民主为宗旨的教育失败了。 再看看我们这个魏玛（Weimar）共和国吧。它支吾其词，它在法西斯主义的重拳出击下摇摇欲坠。而它自己的拥护者却在分享着奢华。
爱尔莎	谁又能弄懂这些呢？
爱因斯坦	懂得固然必要，但愿如此却是无权处分的。日本侵略中国东北是再明显不过的了。可谁又愿意或者敢于抵制日本的破坏呢？
爱尔莎	为什么我们不去加利福尼亚（Californie）生活，而仅仅待3个月呢？或者哪怕在普林斯顿也好嘛。 你知道玛勒纳·迪特利希（Marlène Dietrich）吗？她已经走了！

爱因斯坦	我不是电影明星!当然,我们住在加利福尼亚的日子是最美好的时光。我在加州理工学院(Caltech)的工作也挺好。可是……你愿意离开我们在卡普特(Caputh)的家吗?
爱尔莎	难啊。
爱因斯坦	我也一样。我们在那儿生活得多么宁静。 (停顿一下) 到处都有暴力,美洲也一样。 经济萧条、失业、罢工。芝加哥(Chicago)歹徒中的歹徒卡尔·卡彭(Al Capone)!种族主义!……查尔斯·林白(Charles Lindbergh)的孩子被绑架案,这位航空英雄啊!
爱尔莎	是啊!真是可怕!他们屠杀了他那仅仅一岁半的孩子。
爱因斯坦	我把这件事告诉了安东尼娜·瓦伦廷(Antonina Vallentin)。
爱尔莎	告诉了谁?
爱因斯坦	你知道,这个《曼彻斯特卫报》(*Manchester Guardian*)的记者催促我赶快离开德国。
爱尔莎	别忘了,军队指挥官汉斯·冯-塞克特(Hans Von Seecket)对你说过:"在这个国家,犹太人再也不安全了。"
爱因斯坦	简直令人难以置信,然而这却是真的!
爱尔莎	他所处的位置当然知道这些情况。
爱因斯坦	如此说来,这意味着共和国垮台了。
爱尔莎	你本不该在和平请愿书上签字,别再激怒纳粹……
爱因斯坦	那么我还是原来的我吗?
爱尔莎	可是你太不谨慎了。
爱因斯坦	暴力和特权让我极度激愤。 我要永远与之斗争,特别是和军国主义、民族主义斗争。

	唯一的解决办法是，创立欧洲式样的美国。
爱尔莎	你为什么这么固执？你在和所有人相背呀。
爱因斯坦	低能儿和肆无忌惮的人，我只是与他们背道而驰。
爱尔莎	可他们大概是多数或者……更强大！
爱因斯坦	我之觉悟的钥匙，即为叔本华（Schopenhauer）的名言："人当然要做他想要做的，但是他不能想怎么着就怎么着，不能太随心所欲。"仲裁自由，仅仅是一种幻想而已。
爱尔莎	可是你向来捍卫公正、民主……
爱因斯坦	此乃我之责任也，名望的另一面。我在道德上的正义即是尽可能地以我的声望去制止人对人的剥削，如马克思（Marx）所言。
爱尔莎	唤醒良知、凝聚心地善良的人们并支持他们。可这只会给你增加烦恼。
爱因斯坦	你这样认为？可我倒是觉得并非如此，反之，受宠才是耻辱。
爱尔莎	受宠？可是，阿尔伯特，并非如此，你受到直接的威胁呀！ 你还记得有学生向你喊"我要杀死这个肮脏的犹太人！"吗？而我们的朋友拉特瑙（Rathenau）部长被活生生地杀死在街头了呀。可他，他和你一样，拒绝所有保护！
爱因斯坦	（粗暴地） 我就是我，反对我又当如何，我行我素，谁也休想支配我，这你是知道的。
爱尔莎	（难受地） 你是执拗的人……我思念美国……
爱因斯坦	是啊，我当然想了。 （语气缓和了，面带调皮的目光，微笑着） 这不是因为女人们浸透了我的心扉，我才骂人了吗？

第一幕

爱尔莎 （恼火,并且耸肩膀)
你和女人们!

爱因斯坦 我从未被这么多的女人们如此强烈地推动着。在那边你会放心的,不是吗?

（爱丽莎耸肩,眼神冷淡。他笑着继续说。)

啊!这些国会大厦的母鹅,想以其"咕哒咕哒"的叫声挽救美洲!爱因斯坦是一个无神论的怪物,他要策动一场世界革命。当然不是相对论的革命!

要懂得个中的某些事,真是愚蠢之极。

我的科学理念竟然威胁到了宗教和世界和平!

（二人放声大笑)

爱尔莎 他们敢公布这一切吗?

爱因斯坦 当然敢!况且已记录在案。嘿!可笑之事,杀不了人的。他们的主席叫什么来着?

（稍停顿)

弗罗辛厄姆（Frothingham),是这个名字。我一想起她,便记起第一次我们申请签证时遭遇的麻烦。

爱尔莎 怎么着?

爱因斯坦 大使馆怎么可以兑现这些荒谬的行为?

爱尔莎 你这样认为?

爱因斯坦 总而言之,这是可能的。官僚主义的聪明就是证据。

爱尔莎 即使给了你签证。

爱因斯坦 对,最后时刻才给的。我早该发火了。

爱尔莎 确实该发火。

爱因斯坦 你想想看,《世界报》上曾登载:"三年的圆满合作之后,美国竟拒绝给伟大的物理学家阿尔伯特·爱因斯坦签发入境签证!"

第二场

（门铃声，爱尔莎去开门）

爱尔莎　　你好！古斯塔夫。
　　　　　（她惊喜地叫）
　　　　　是古斯塔夫·布吉。
布吉　　　你好！爱尔莎。
　　　　　（老朋友布吉进门，爱尔莎进入放行李的房间）
爱因斯坦　你好，古斯塔夫。
布吉　　　你好啊，阿尔伯特，你在做出发的准备吗？
爱因斯坦　是啊，你呢，有什么消息吗？
布吉　　　噢，坏消息！你看报纸了吗？
爱因斯坦　我正看呢，难以忍受。
布吉　　　是啊，永无结束之日呀！
爱因斯坦　我担心这仅仅是开始……毁坏可比建设容易多了。希特勒（Hitler）是一个平庸且顽固不化之辈。他要干到底了。慕尼黑政变的失败没能使他变得温和、理智些，反倒使他贪欲大振。
布吉　　　如果你搞错了有多好！
爱因斯坦　人们都说热爱生活、需要自由。可是他们却往往在被奴役之中寻找幸福。
布吉　　　和你将要去的地方一个样！
爱因斯坦　还是更容易些。蒙田（Montaigne）早已关注这事儿了。如他所言，他痛斥这种"自我奴役"的癖好。而他的莫逆之交博埃希（Etienne La Boétie）在他的《关

	于志愿为奴隶身份的演讲》中写道:"坚定地不再当奴役了,你们现在自由了。"
布吉	马克思的分析、工会运动,如此种种……应该让人们睁大眼睛,改变人,改变世界!
爱因斯坦	这才是千方百计要做的事情。 但是……这还是比粒子物理要复杂得多!
布吉	不过,还是有信息源源不断地传来呀。
爱因斯坦	瞧瞧这伙笨蛋正侵扰着我们的街巷。喊叫、敲打、骂街、砸玻璃、辱骂无辜,这还像是大丈夫所为吗?不是!
布吉	岂是大丈夫,当然不是!
爱因斯坦	然而,他们却是发疯地做,狂热地做……
布吉	他们是少数人。
爱因斯坦	但产生影响啊!如此鼓励整体消极。传染病流行啊!
布吉	但这不会长久!
爱因斯坦	希望如此。但是当大脑受了感染或者……缺氧呢?我们滋养着肠,滋养着胃。我的老朋友,胃和肠啊!
布吉	此话怎讲?
爱因斯坦	首先,经济危机,几百万失业者!结果呢?人群呼喊、军人游行、络绎不绝,歇斯底里的集会,简直是蜂拥而来的帕努尔格❶(Panurge)的羊群! 你认为他们还需要大脑吗?一条脊椎就够了!只要能向旗子,或向某个标记致敬就够了。
布吉	你认为该如何呢?
爱因斯坦	应该是这样:任何制度,特别的或善良的,统统忘记了大脑的高级功能和思维;总之,任何制度,无论是宗教的、

---

❶ 帕努尔格是法国作家拉伯雷的作品《巨人传》中的人物,"帕努尔格的羊群",意为被其他人拖着走的人——追随者。——译者注

	思想的或政治的，都将必然导致野蛮行为！
布吉	不管怎样，进步……
爱因斯坦	何种进步？科学、技术、物质、财富？可能是，但不是处处都有。至于人的发展与进步嘛！……
布吉	哲学家、法学家、政治家们仍然为民主而不懈地努力工作着……
爱因斯坦	他们团结起来了吗？人应该向深度变化啊。克罗马农人（Cro–Magnon）仍然统治着我们呢！

（他大笑）

难道我有权把这看成粗鲁吗？

布吉	我觉着你很消极！
爱因斯坦	不，我很现实。现实主义推动我行动。应该有关于爱的想象力，永远创建文明，永远再创建文明。

（电话响了，爱因斯坦接电话）

——

喂，哪位？你好，奥托（Otto）。

（面向布吉一边）

是我们的朋友奥托·哈恩。

（爱尔莎走近来，爱因斯坦仍继续打电话）

发生什么事情了？不可思议！你被撞到没有？没有……要是可以的话，来我这儿和我们说再见吧。对，下午4点之前。好的。勇敢些，老朋友，别气馁！

（他挂掉电话）

爱尔莎	他怎么了？
爱因斯坦	奥托遭围攻了。三四个狂热分子，可能是学生，也可能是挑衅分子，辱骂他是"臭犹太"，还冲他喊："打倒国际犹太人！"
爱尔莎	其他学生呢？他们怎么做的？

爱因斯坦	他们没做什么。
布吉	怎么没做什么？
爱因斯坦	我要说的是：害怕、消极。倒是发生几次保护浪潮，但是并没有驱走坏蛋，致使坏事儿得以扩散。
布吉	那么我们的朋友怎么样了？
爱因斯坦	他极度震惊，已不能继续授课了。况且，他也屈服了。
爱尔莎	要理解他！太可怕了。 要是处在他的位置上！
爱因斯坦	我理解他。他阻止不了……几个暴徒赢了！除非做外科手术，不然癌症将扩散。
爱尔莎	勇敢的奥托，我同情他。幸好我们远离这些暴徒！
爱因斯坦	这就是为何从奥托开始下手。砸碎脆弱的链环，就是砸碎铁链。噢，懦夫哇！
布吉	你何时出发？
爱尔莎	下午4点出发。今夜的班船，自不莱梅港（Breme）开航。
布吉	阿尔伯特，你在那边做什么？
爱因斯坦	帕萨迪纳（Pasadena）加州理工学院再次邀请我，那里是科学家的天堂。 加利福尼亚的第三个冬天！授课、作讲演，但主要是搞研究。
布吉	你在那儿要待很久吗？
爱因斯坦	原则上3个月，但是普林斯顿高等研究院给我一个位置。我将去那儿就地看看条件。
布吉	你喜欢那儿吗？
爱因斯坦	喜欢，也不喜欢，美国也有它的问题。但与我们古老的德国截然不同。
布吉	你已经在意大利，特别是在瑞士住过。你能忍受得了这种变化吗？
爱因斯坦	一个科学家活在变化里。甚至思想的变化里！这才是更困

难的！你已经看到人们怎样欢迎我的理论。所谓的伟大精神却大声说更为伟大的蠢话。

（爱尔莎向隔壁房间走去）

布吉 甚至科学工作者吗？

爱因斯坦 甚至某些科学家也有他的虚荣心，有时候也有权力的欲望！牛顿（Newton）就是一个好例子！电波传播的太空追随者们均被我那些虚无的演示所伤及，纯洁的科学仍然被形而上学的空想所污染着。

布吉 什么意思？

爱因斯坦 简单地说，一个科学家服从严谨的现实和展示。就这样，句号。

布吉 应该说你的相对论冲撞了时间和空间，证实能量与物质等同起来的真实性是一场真正的知识革命。

爱因斯坦 当然。总之，那是种说法嘛……世界上的幻想艰难地吞食这些。无人喜欢知识的不安全性。然而，文明就是这样前进的。而余下的就是幼稚类型、天真的人类论，低俗的经验主义；等等。

布吉 可是由此产生辱骂！利用此人的论据进攻此人，即以其人之道还治其人之身。就好比去年，这块遮羞布就注有"美妙世界"的标记。

爱因斯坦 嗨，好啊！一百名作家反对爱因斯坦。一千人毫无反响。仅我一人反对众人。这可能就是我的命运所在。

布吉 文化仅仅徒有脆弱的美丽外表。

爱因斯坦 愚蠢的人潜伏起来啦！优秀的物理学家，比如菲利普·莱纳德（Philipp Lenard）都成了纳粹分子。简直不可思议，但千真万确！他如患狂犬病般地仇视犹太人，并且到处暗地里中伤我。我之所以等了10年，乃至12年才获得诺贝尔奖，部分原因就是他在作祟。

布吉	确实！我记得 1916 年，当发表普遍相对论的理论时，所谓的柏林杰出人物就对你不以为然，且出言不逊。
爱因斯坦	这是一场战争。但是还有诸多人不理解。我是古怪的人。诺贝尔评委会也如此看我。他们用了几乎 20 年时间才似乎理解了我……而且，他们授奖与我，并不是因为相对论，而是光电效应！尽管人们已经肯定我的资格了，但某些人仍旧对我这个反常的犹太人持否定态度。
布吉	评委们的懦弱行为！
爱因斯坦	很多褒奖充满荒诞。所以我并不看重这些。避开那些仪式，我更高兴。
布吉	怎么讲？
爱因斯坦	我刚从日本和中国回来。我干嘛急于走。你看见我抽烟斗、不穿袜子吧？你看见我像只企鹅吧？至于钱嘛，我都给了米列娃（Mileva），她培育我的两个儿子。
布吉	她一直住在苏黎世（Surich）吗？
爱因斯坦	是的，她喜欢苏黎世。我也喜欢那儿。她忍受不了柏林。而我……
	（他笑了）
	我也忍受不了柏林了。
布吉	我没记错的话，你已经加入了瑞士国籍吧。
爱因斯坦	为什么不呢？我爱我的国家，但我是世界公民。这就是未来！
布吉	你为什么在 1914 年来柏林？那时正是凯萨（le Kaizer）入侵比利时（la Belgique）的前夜！
爱因斯坦	我不否认那时马克斯·普朗克（Max Planck）给我提供了一个极好的位置。普鲁士（Prusse）学院安排得更好。这还不是最重要的。经过这么多年的苦境之后，安全对我至关重要。特别是，我将能够和世界上最优秀的物理学家团

　　　　　队共同工作，你能想象我多高兴。
　　　　　（他的样子任性、顽皮、机灵）
　　　　　而且……还有爱尔莎！
布吉　　　（狡黠的神情）
　　　　　啊，对，爱尔莎！她认为美国如何？
爱因斯坦　和我一样，她能习惯美国。她喜欢会客交友。
布吉　　　可是冲击欧洲的危机却是从美国而来的。
爱因斯坦　是的。越来越多的东西，几乎都来自美国。最好的和最坏的！他们的世界性应该使之避开过于简单化，而恰恰这些正侵蚀着我们的国家。
　　　　　至于我，已经和他们的魔鬼交过手。
布吉　　　啊，是吗？
爱因斯坦　1921年，我同哈伊姆·魏茨曼（Chaïm Weizmann）发现了美国。你知道吗？他是世界犹太复国主义组织的主席。这是我生活的最佳时光。欢迎，不可思议。自由，绝对奇妙。想想看，我能够向火车站站台上的人们讲演。我只是路过而已。猜猜我的讲演主题：不服从的民众，拒绝服兵役，反对军事服务。
布吉　　　多么自由！
爱因斯坦　为了他们认为美好的事业而表现得宽容和大度就是一个榜样。美国建有大量科学的、艺术的和慈善的基金会。
布吉　　　该不会是科学旅行吧？
爱因斯坦　（他笑了）
　　　　　想想看，我当时扮做大祭司呢！
布吉　　　怎么回事？
爱因斯坦　我和魏茨曼一起为未来的耶路撒冷（Jérusalem）希伯莱大学医学系筹集到了基金。要知道，我们很容易就筹到了100万美元啊。

布吉	太棒了！
爱因斯坦	但是金钱的统治无所不在。有了它，一切都成了交易商品，因为它都变成了傻瓜！这太浅薄了。突然，仅一天时间你变成了偶像，要知道，仅仅一天就变成了呀！
布吉	这大概很令人愉悦呀。
爱因斯坦	可不是说的我哟。你知道的，我反感贪恋名利。我穿上奇异服装冒犯他们，以躲避那些仪式。 （他笑了） 我越是冒犯他们，我越是出名。这是陷阱！我是一个活生生的反常之人。
布吉	如同你的理论一样！
爱因斯坦	对了，你觉着我该为此很安心吧！不，相对论可不能惩罚上帝！ 波士顿（Boston）的红衣主教甚至为此提醒他的基督教徒提防"这个危险的无神论者"！
布吉	他真是了解你。 （两个人一同大笑起来。爱尔莎进来）
爱尔莎	你们玩得真高兴！
爱因斯坦和布吉	（异口同声地） 哈哈，你都瞧见了！
爱因斯坦	另一个怪诞论调：以色列将在美国的金钱和先锋们英勇的奋斗中诞生。可是美国却备受反犹太主义的折磨。一些饭店张贴着告示："黑人、犹太人和狗禁止入内！"
布吉和爱尔莎	（不约而同地） 太卑劣了！
爱因斯坦	种族隔离遍布各地，或者说几乎无处不有。但是新

	闻是自由的。理论上，谁都可以成为总统……假如他准备了几百万美元！我希望刚刚当选的罗斯福总统能改变一些东西。

布吉　你认识他吗？

爱因斯坦　还不认识。但他是自由选出的民主人士。到处都有反犹太主义者。维也那（Vienne）未要求我去授课，因为我是犹太人。

当年保罗·朗之万（Paul Langevin）在巴黎邀请我，他隐姓埋名到比利时边境接我，以挫败右派示威人们的围攻。随后，他只能安排我暂留在英国……

布吉　阿尔贝特，我该走了。我祝你旅行愉快。在那边旅居顺利。一定回来哟。阿尔贝特，我们需要你。

（他们相互拥抱，布吉准备出门）

爱因斯坦　警醒些。睁大双眼是首要任务。再见！

第三场

（爱因斯坦和爱尔莎走到桌子旁，桌上堆着废纸）

爱因斯坦　行李准备好了吗？
爱尔莎　　差不多了。
爱因斯坦　爱尔莎，你很幸运。
爱尔莎　　为什么？
爱因斯坦　因为我的试验室，它是我的笔，而我的办公室，它是我的大脑！

（他笑了，爱尔莎也笑了）

爱尔莎　　你呢，没有忘记什么吧？
爱因斯坦　（微笑着用手指指前额）
　　　　　都在这儿呢。
爱尔莎　　我知道的，阿尔贝特，可有时候你漫不经心的……
爱因斯坦　最重要的东西，我从未曾心不在焉过。我想自己既有自知之明又审慎警觉。但是日常琐事嘛……

（他撇撇嘴做了个鬼脸，耸耸肩头）

爱尔莎　　日常琐事，幸好，我承担了日常琐事。

（她向隔壁房间走去，但是爱因斯坦叫住她）

爱因斯坦　爱尔莎，你过来。
爱尔莎　　什么事？阿尔贝特？
爱因斯坦　我知道你喜欢咱们在卡普特的家，那里多么恬静。要知道，我也和你一样的心情。
爱尔莎　　对，当然了，怎么了？
爱因斯坦　你同样喜欢这套在首府的公寓房。

爱尔莎　　　对,确实啊!
爱因斯坦　　我希望你将这里的家铭刻在心,再好好看看这套住房,你将再也见不到它了。

(爱尔莎听得目瞪口呆)

第 二 幕

时间：1945 年 5 月 8 日。
地点：爱因斯坦在普林斯顿家（Princeton）中。
爱因斯坦，他的秘书海伦·杜卡斯，他的妹妹玛雅。
尼尔斯·玻尔来访。

第一场

（玛雅在沙发上读报，而海伦·杜卡斯整理信件）

海伦　真是疯了！我把最好的时间都用于打发这些信件了！可它们没完没了！

玛雅　海伦，这是荣耀的代价。

海伦　千万别出名，玛雅。太可怕了。这是他所到之处的马戏竞技场。

玛雅　他为此难受吗？

海伦　倒是不难受。不过往往搞得他十分恼火，他简直不懂得什么是自己的名望。有一天，他对我说："谁疯了，是他们还是我？"
（她笑了笑，接着说）
但是他知道以此为己所用！

玛雅　为了美好的事业！

海伦　但这不仅仅只是为朋友……

玛雅　懊恼的爱尔莎经常劝阻他紧闭嘴巴。可是他既不知谨慎，又不知害怕。他心底里的一系列魔鬼已经紧紧将他缠住，并将他往世界问题上推去。

海伦　这使他非常疲惫。

玛雅　也使他离开了他的研究。他在卧室吗？

海伦　在，和一个本子、一只笔在一起，从未离过身！当他来我这时，我们问他："您需要什么？"你知道他如何回答？

玛雅　不知道。

海伦　"一张桌子、一把椅子、纸和笔……"犹豫片刻，他开始大笑，接着说："一个大纸篓，留着备用，以便装我扔掉的所有愚蠢！"

（她们二人大笑）

玛雅　他生活得如同一个苦行僧。

海伦　是啊，还光着双脚。

（她笑）

还忘记祈祷！

玛雅　他的心不在焉真是不可思议。

（她也笑）

他可以在下着倾盆大雨的时候出门而不打伞。

海伦　可他对现实问题倒是十分关注。

玛雅　海伦，他就是一个活生生的异类。同时，他的方程式泡泡散落在世界各地。他又投身于一种神圣的职业——政治之中。是吧，海伦。

海伦　这么大的邮件从哪儿寄来的。

玛雅　寄自盛产狂热人之地。

海伦　我每天分选狂人的信件、严肃的来电、同行的来函，还有……一些女狂人的爱情表白。

玛雅　此乃辉煌之魅力。

海伦　瞧瞧，这一封，直白的声明："我的所有都属于您！"周围还印有用红唇印儿画就的花环呢！

玛雅　他喜欢女人的赞美之词。细腻的呀，特别是来自年轻美丽乖巧的女人！

海伦　他喜欢这样玩耍，这样他可以消遣自己的烦恼……哪怕时间短暂。

玛雅　还有恭维的、奉承的呢！毕竟他是个男人！你注意没有，他时而还邀请年轻女人到他的帆船上去呢。

海伦　他喜欢她们陪伴。

（她笑了）

玛雅　有时候，他也弄出点儿妒忌事来呢！

（稍稍的停顿）

就像这个丈夫把他年轻漂亮的演员妻子单独和爱因斯坦拍的合影撕掉了。

玛雅　但是，他知道和女人们严肃相处。米列娃甚至可怜的爱尔莎也这么说。有一天，他大胆地对我们说他之所以不建议女孩子们搞科学研究，是因为"生物障碍"。

（她笑）

然而，他曾在生物考试中被淘汰过！

海伦　玛丽·居里呢？他可是对玛丽·居里（Marie Crie）欣赏有加哟。

玛雅　他这样对我们说："这是特殊的情况。"他甚至还说："人们可以理解为大自然创造了另一种无大脑的性别！"

海伦　多么可怕呀！

玛雅　当然，说完他大笑着走了，可谁知道当他如此大笑时，他的思想深处又是什么呢？

海伦　我记得关于女人，他曾这样说："她们的生产中心不在大脑。"

玛雅　然而，人们却不能阻止自己爱他。他吸引着所有人。

海伦　他就像一个调皮的孩子，但本质上却和蔼可亲。他微笑、热爱生活、愿意大家都好……

玛雅　甚至王后们……比利时的伊丽莎白（Elisabeth）王后也成了他的伟大朋友。1933年，当他生活在比利时海岸城市时，每周他都去布鲁塞尔拜访王后，与王后及其两个亲信一同演奏小提琴四重奏。

海伦　我还记得那个海水浴场有个奇怪的名字，叫：公鸡！

（她们笑。

悠扬的莫扎特小提琴独奏曲声传来）

玛雅　听，他休息时就拉小提琴。

海伦　自此，他和王后的联系从未间断过。我知道其中一些事情。

玛雅　他对友谊非常敏感。

海伦　他喜欢得到慈母般的对待，一点点的就行，要求不太过分！但是日常生活中……你知道，1928年我开始为他工作时他怎样对我说？"您面前是一个老小孩似的战利品。"可那时他还不到50岁。

玛雅　他的头脑清醒！

海伦　我认为对大人物而言，除了他们具有的知识游戏之外，剩下的嘛，就是他们那样子的大孩子了。

玛雅　确实如此！

（笑）

他们只有激情。

（海伦也笑）

海伦　你让我想起，他痴迷于玩拼图游戏。玩拼图时他是那么的机敏，简直聪颖绝伦。

玛雅　而他的方程式呢，不也是一种玩耍吗？无论如何，我们——女人们，我们总是有点处于母亲的位置。每次他对我说要吃通心粉时，我都这么想，他喜欢这样，孩子们都喜欢吃通心粉！

海伦　一个伟大的人物不应该在婚姻上太安乐舒适。也许他不该结婚吧？

玛雅　阿尔伯特不是没有这么想过。有一天，他曾争辩：丈夫"与自己的妻子永远处于不可避免的战争之中"。

（电话响起，海伦接听）

海伦　不，先生。这完全不可能，教授先生正在休息。对，根据学院的指令，我很抱歉，先生。再见。

（她挂断电话）

又是记者。又是关于五花八门的采访。可教授先生对我说："明天，是放松的日子！"因为他的挚友尼尔斯·玻尔要来。

玛雅　为战争的事而来吧？

海伦　肯定是。

玛雅　意大利被解放了，但好像德国那边还拖着。

海伦　有消息说，德国也快完了。希特勒自杀了，纳粹统治的第三帝国（IIIe Reich）还有什么可存在的呢？

玛雅　遗憾的是罗斯福总统去世早了点儿。假如阿尔伯特亲眼看见他主持停战该多高兴。只是我们之间聊聊，他对杜鲁门（Truman）极不信任。

海伦　爱因斯坦先生想永远消灭战争。

　　　这是他通过野心勃勃的民族主义的错误而认识的第二个屠宰场。他梦想着有稳定的国际秩序所保障的全球和平。而显示出虚弱而无力的各民族中那些已消逝的社会是另一回事。

玛雅　可是，虽然他心目中最恶劣的敌人纳粹主义已失败，我还是感到他内心的不安。

第二场

（门铃响了，海伦去开门，尼尔斯·玻尔进来）

玻尔　　　你们好！女士们。
　　　　　（他向坐在沙发上的玛雅致意）
玛雅和海伦　您好！教授先生。
玻尔　　　我们的朋友起床了吗？
海伦　　　我去看看。请您等一下，先喝茶？
玻尔　　　好的。
　　　　　（海伦走出去）
玛雅　　　战争将要结束了吧？
玻尔　　　这可能只是时间问题。
玛雅　　　我听说您躲过了纳粹，有惊无险。
玻尔　　　确实。而且和阿尔伯特同样状况。
玛雅　　　我依稀记得您有一次难以置信的冒险。您能说来听听吗？
玻尔　　　没有什么英雄壮举，千万别这么认为。要知道，我们这些学者，只想到我们的研究。对我们来说要抛弃研究太难了。
玛雅　　　我知道。
　　　　　（她狡黠地笑笑）
玻尔　　　我当时在丹麦，从未想象有任何危险。况且，我不搞政治，幼稚之极啊！一天，多亏有人告诉我德国人要控制我。

玛雅　为什么？

玻尔　控制我，为了给他们制造原子弹呗。

玛雅　比阿尔伯特的危险大一倍！

玻尔　我仅仅有和儿子逃到一条小船上的时间。在瑞典，一架战斗机把我们带到英国。可是因为缺氧我呼吸困难，差点窒息而死。氧气罩又坏了！
飞行员只得像只海鸥那样贴着海浪飞行！

（海伦回来）

海伦　教授马上就来。

玻尔　太好了。他不用急的！

（海伦去厨房准备茶）

玛雅　曼哈顿（Manhattan）计划怎么样了？

（停顿了一会儿，腼腆地）

……如果您能说的话……

玻尔　噢，现在的保密也不那么绝对、不再那么严厉了。战争胜利了。我们永远拼命地工作。军人也是永远不妥协的。

玛雅　这是他们的意志所在。

玻尔　当然！由此我们才能够这么快打败希特勒。你们想想看，这个疯魔若是拥有原子弹又该如何！所以你的哥哥千次万次地在罗斯福总统耳边反复强调抛出曼哈顿计划。

玛雅　对于他这个令人信服的和平主义者真的不是一件容易事！

玻尔　我知道他曾生活在残酷的精神战斗里。

第三场

（爱因斯坦进来。
穿着胳膊肘有窟窿的羊毛套衫，
刽子手穿的裤子，光脚穿着拖鞋）

爱因斯坦 你好，尼尔斯！
（他热烈地拥抱尼尔斯）

玻尔 你好！阿尔伯特。你的身体，怎么样？

爱因斯坦 我就像一个不知悔改的老烟鬼。谁都有自己的小弱点嘛！是不是，女士们，金无足赤，人无完人嘛，不是吗？
你们在谈论洛斯·阿拉莫斯（Los Alamos）吗？
（海伦端着茶进来。
给玻尔先生上茶，然后继续分信件）

玛雅 是啊。自从奥本海默（Oppenheimer）在新墨西哥（Nouveau Mexique）试验成功，我就感到无比兴奋。

玻尔 我们很快就拥有所研究的武器了。

爱因斯坦 这也毫无用处！

玻尔 怎么，毫无用处？

爱因斯坦 德国已屈膝投降了。日本马上步其后尘。意大利也是摇摇欲坠。盟军控制了各地，而俄国人已在柏林。我们再也不需要这种大规模杀伤性武器。
如果我早知道是这种情形的话！假如我不去敦促罗斯福，我们可能会在1946年或1947年才能拥有原子弹。那时战争也就结束了。

玻尔 你知道我们不能停止研究，我们这些科研人员。大家都知

	道，但是……
爱因斯坦	杜鲁门不允许！我猜他想瞄准俄国人。
玻尔	可是，这是我们的盟友哇！
爱因斯坦	但是，他们是我们的经济敌人和政治敌人！
玻尔	你太夸张了！
爱因斯坦	洛斯阿拉莫斯，你知道的，这是一所监狱，即便当所有法西斯分子统统战败之时，研究员仍然继续被窥视着。我担心杜鲁门，还有胡佛（Hoover），这个危险疯狂魔鬼所制造的气氛。你知道的，他是美国联邦调查局（FBI）的头目。
玻尔	我了解你的和平主义，可是……
爱因斯坦	（坚定而郑重地）
	我过去是，将来依然是主张世界和平。我两次躲过服兵役。第一次是 16 岁时在普鲁士，我正好去意大利探望我的父母亲。喔唷！而当我成为瑞士公民时，我被应招做军事医疗服务。但是他们发现我不但平足而且不正常地出虚汗。我走路都变形了！
	（他模仿）
	你看我齐步走，向旗帜致敬，服从愚蠢的头儿！对羊群这些牲畜倒蛮不错，尼采（Nietzsche）曾经这样说过。
玻尔	事实上我却没看出来！
爱因斯坦	但是在希特勒的野蛮残忍面前……我不得不把和平主义藏入衣袋之中。
玻尔	你做得好。
爱因斯坦	可能吧。但是我非常失落。比如，我记得 1933 年，我曾经给比利时反对者写信："如果我是比利时人，我就不再做意识的反抗者。"他们朋友中的两个人被投入监狱，希望得到我的支持。人们大喊背叛。奇怪的是这些温和的理

	想主义者居然变成对我施以残暴的……如同自己被相爱之人欺骗了一个样。
玻尔	热情很难与道理和睦相处。
爱因斯坦	当我与齐拉特(Leo Szilard)和维格纳(Wigner)在一起的时候,我给罗斯福写了信,在信中谈及反对纳粹分子的残酷,比起斯大林,我更害怕希特勒。但是我也拒绝由苏联宣传所操纵的那种和平运动。
玻尔	清醒、自由、道理,这是一个很难掌握的尺度,但又像是一个好舵手,阿尔伯特。
爱因斯坦	(逗乐地) 业余爱好,尼尔斯,仅仅是业余爱好……我只失败过两三次! (又严肃起来) 我确信俄国人应该拥有原子弹。如果只是美国垄断的话就太危险了。帝国主义,我亲爱的……
玻尔	共同平分,谈何容易……哪怕是科学上的平分!
爱因斯坦	一个世界政府将是唯一可以保障和平的政府。否则,就是灾难。
玻尔	(爱戏弄人的) 你不也曾服务于美国海军吗?
爱因斯坦	是关于简单的火药,无论如何,远离原子弹我很幸运。 (突然风趣地) 我在海军服役过,但我挽救了我的头发——没有剃光头!
海伦	教授先生,我收到三份邀请,授与您荣誉博士,我怎么处理。
爱因斯坦	当然拒绝,海伦,像以往一样,运用外交方式! (然后对玻尔说) 我受不了这些仪式。今天菜单里没有方程式!

玻尔　　　什么样的菜单?
爱因斯坦　我哪儿知道什么样?文化、社会、社会中的科学……
玻尔　　　为什么?
爱因斯坦　因为自今日起,学者们的政治责任和社会责任将变得不堪重负。
玻尔　　　怎么解释?
爱因斯坦　由于对认知的多样化、庞大化,也就是畸形化的解释。
玻尔　　　这些解释曾经是有益的。我们所有的西方文明……
爱因斯坦　不可否认。但是今天,你知道的,科学家已被他们的科学所剥夺。一切均掌握在军人之手。而明天,金融家将进入一场从中受益的竞赛之中,管他是什么奖呢!
玻尔　　　阿尔伯特,你是悲观主义的。
爱因斯坦　不,是清醒主义的。
玻尔　　　不过,总是民主的……
爱因斯坦　(粗鲁地)

　　　　　什么民主?法西斯的病毒比你想的更活跃了!并且更扩散了!
玻尔　　　你想说什么呀?
爱因斯坦　我们从最初的异议重新谈吧,希特勒通告废除"犹太科学""蜕化艺术",吹嘘纯雅利安人式的纳粹文化。斯大林禁止"资本主义科学",吹嘘"共产主义科学"。那么,我们的利益意识更有价值吗?
玻尔　　　愚蠢、极端!

　　　　　怎么能这样比较呢!
爱因斯坦　正是学者们、教授们、知识分子们为此付出了努力。
玻尔　　　只是有些特别的、迷途的、失去理智的……
爱因斯坦　有时候,还有最具资格的、精通的。

　　　　　(玻尔吃惊地,

	爱因斯坦继续刚毅地说）
	菲利浦·莱纳德（Philipp Lenard）就是一个纳粹主义的宣传者、一个残忍的反犹太主义者。你知道吗，这个诺贝尔奖得主竟然敢于这样写到："一个犹太人显然没有能力理解真理。"诺贝尔奖，怎么什么人都给呢？！
玻尔	（以笑使他镇静下来）
	可也给了你呀！
爱因斯坦	海森堡（Werner Heisenberg）屈膝为希特勒的炸弹工作，甚至我的朋友马克斯·普朗克——"白色人种"的冠军，时为循规蹈矩之人，也伏首就擒了。
玻尔	与希特勒斗争吧！……
爱因斯坦	我同意。应该有勇气！
玻尔	也是意识不到的！
爱因斯坦	只有冯·劳厄（Max Von Laue）这样做了。为真理而斗争应该胜过做其他一切。
玻尔	这是一个绝对的原则，但是……
爱因斯坦	啊，这里呀，尼尔斯？
玻尔	你说的什么意思？
爱因斯坦	只有约瑟夫·罗特布拉特（Josqh Rotblat）。自从1944年，当他得知有人要将炸弹投向苏联，并且也肯定不会放过日本人时，他就离开了曼哈顿原子弹计划的工作。结果呢，人们却怀疑他是一个苏联间谍！
	我们落入意识形态的圈套，交易也好不到哪儿去，毫无价值。
玻尔	对于日本人，我承认我犹豫过。他们的残暴是如此地……
爱因斯坦	毫无疑问。但是我们就以暴制暴、以恶制恶吗？特别是还以民主的名义说事。
	我常常想起甘地（Gandhi）。对我来说，他代表了我们这

个世纪最伟大的政治家。你回忆一下:"如果以仇报仇,以冤报冤,仇恨加报仇,怨怨相报,仇恨何时了?"这就是基本问题。我很高兴和甘地一起在一个反对义务兵役的请愿书上签字。这种强行征兵不配与文明为伍!

玻尔　　　人们能战胜暴行吗?

爱因斯坦　我不知道。弗洛伊德对此也是一无所知。他写道:"爱因斯坦对于心理学和物理学跟我一样地了解。"
(稍后)
当然我们划分了一下:江湖骗子的名声!

玻尔　　　我情愿陪你畅游在灵魂的流放中⋯⋯可是心理学不是我的强项!

爱因斯坦　但是,不能任凭民主自内部胎死腹中啊!

玻尔　　　怎么讲?

爱因斯坦　敌人已经各就其位,而蛆虫早已生存在水果之内!

玻尔　　　我不明白。怎么回事儿?

爱因斯坦　至少有三种情况。

玻尔　　　哪三种?

爱因斯坦　首先,军队,这是文明的癌症,这是军国主义思想。非权力的、树立盲目服从以及不负责任的空间。1930年,我在纽约时曾建议哪怕仅仅2%的人拒绝服兵役,就足以让这一制度、这一剥夺思想自由的机器瘫痪!我曾希望这个比例能够扩大、蔓延开来⋯⋯

玻尔　　　(开玩笑地)
幸好这事没有被复制!否则希特勒可就能战胜美国了。

爱因斯坦　我同意。但是在民主的心脏里加入专制,这合乎逻辑吗?这是不是无知?

玻尔　　　现在轮到我说,我同意。

爱因斯坦　第二个下疳,拜金主义。它腐蚀一切。有道是铜钱无臭。

第二幕

> 特别是它没有意识！但是黑手党扩散、树立威望，这太悲惨了。金钱腐蚀并且损坏着地球人。

玻尔 这是一个需要抵制的巨大胃口。我同意。但是人们能逾越得了吗？

爱因斯坦 人民的代表在做什么？他们被看做保卫共同财产。看待一个金融家和看待一个普通公民要一视同仁。法律面前，人人平等。

玻尔 理想地看，这是对的。但是人们还从未体会到这一美好的理想。

爱因斯坦 而第三个，我说将出来会使你大吃一惊：这就是教育。

玻尔 我真的吃惊不小。而你，那么地热爱学习，重视研究培训。

爱因斯坦 从基础上看教育体系，首先，抓紧改变屈服归顺、因循守旧的状态。我太了解个中那些事了！服从，尊崇，哪怕是傻瓜，也要从小造就他们，生活在刻板之中，老一套的旧框框，这就是基础教育。没有批评精神，没有精神自治。甚至，还经常搞什么统一服装，向国旗敬礼。看看，这里，喏，就这个样子。

玻尔 确实。我也挺反感这些的。真搞得像对动物致敬一般。

爱因斯坦 再有，太缺少聪明的、大度的教授。教育是手把着手引导，并且尊重人，再就是……给予！没有精神文化，人类就没有任何机会！

玻尔 阿尔贝特，我看你太激进了。

爱因斯坦 甚至在学校里，过度的竞争体系正扼杀着精神。人们复制着帕奴尔格的羊群，还制造着政治文盲！

玻尔 （笑着）

大概是你这样子吧！

爱因斯坦 而挽救我的，正是罐木丛学校！我可是逃了不少课！

玻尔	你以此自豪吧？
爱因斯坦	但是我读书。我自己教自己。例如：我读麦克斯韦（Maxwell James Clerk）的书，这是课堂上读不到的。然而，他开拓了现今物理学的宽阔大道。
玻尔	这是一个极好例子，确实。但是大多数人需要教育。
爱因斯坦	可能吧，但很遗憾。只要人们不改革现有教育，就不可能挽救民主。
玻尔	你讲得过了！
爱因斯坦	你回想一下。1936年，美国曾搞了一场虚伪的但未掀起大浪的政治。美国为有利于"弗朗哥（Franco）而采取中立"！正当共和派遭到杀戮之时，德士古（Texaco）公司为支持弗朗哥主义的纳粹飞机和潜艇加油，致使埃塞俄比亚遭到意大利法西斯飞机的攻击，而不受处罚！
玻尔	交易，我亲爱的，交易啊？
爱因斯坦	仅有2 800名美国人支持西班牙共和国。这是林肯（Lincoln）旅。你知道这是没有种族隔离的第一旅吗？结果呢，他们被当做共产主义者和不安定者。我尝试过支持他们。但是想说服这些曾受过教育的蠢才们有多难！是谁曾经说过蠢笨是无穷无尽的唯一影像。
玻尔	美国的对外政策经常使人长时间才能懂得在别处发生的事儿。美国长期独自在一处生活，好像一座岛屿。对外开放不是他们的强项。
爱因斯坦	你对谁说这些呀！多少年啊，我得斗争以支持逃离希特勒魔手的德国难民。可是当局却相信希特勒的宣传：犹太人生活幸福，民主人士哥德（Goethe）的故乡、犹太人生活的国度里生活得民主而舒适！
玻尔	让我说呀，甚至有一个小纳粹党存在。
爱因斯坦	总而言之，支持运动，有太多影响，中央情报局与他们合

	作。他们依靠我们之中的两具魔鬼。我之所以说我们，是因为自 1940 年，我就是美国公民了。
玻尔	你后悔当美国人吗？
爱因斯坦	不后悔……不管怎样。尽管有唯利是图的魔鬼和种族主义的魔鬼。
玻尔	当然，我能看得出来，黑人的待遇很糟糕。
爱因斯坦	可是，还有反犹太主义呢。有人给我写信称："在此地，像沙皇蹂躏犹太人的暴行一样也开始了！"在我出生后，反犹太人主义已造就了我这个犹太人。对纳粹组织的毁灭行为也太宽容了。
玻尔	这很难懂。
爱因斯坦	这就是：希特勒的那些十足的主顾和反对共产主义的壁垒结合起来了。教皇别无选择！你知道亨利·福特（Henri Ford）吗？希特勒的朋友，他极尽所能粉饰希特勒，支持希特勒直至 1942 年呀？
玻尔	不可想象！他是一位备受赞誉的工业家……
爱因斯坦	这么激烈地仇视犹太人！没有珍珠港（Pearl Harbour）事件，我想美国还不会参战呢。
玻尔	事实上，他们参战太晚了。我记得没错的话，本该是1941 年 12 月。
爱因斯坦	想象一下。在捷克斯洛伐克强取苏台特（Les Sudètes）山脉的行为，波兰遭遇血与火的大肆浩劫，比利时沦为殖民地，法国屈从，英国被轮番轰炸。欧洲变成法西斯的欧洲了。 而这里，人们还在踌躇不前！可是这样阻碍不了事态的发展！
海伦	（海伦忍住笑插话） 教授先生，给您几百万美元以赞助一种净发剂！我答

	复吗？
爱因斯坦	别浪费您的时间，海伦！
	（微笑着对着尼尔斯·玻尔）
	你瞧，更有甚者，他们要和我做买卖呢。
玻尔	肯定地，美国还未真正感到威胁，尽管德国潜艇已在大西洋游弋。但是，美国仍然按兵不动！
爱因斯坦	难民是左派，这是必然的。可在这里，是罪恶。罪恶是这个迷信王国的一个词！
	贝特尔特·布莱希特（Bertold Brecht），托马斯·曼（Thomas），亨利希·曼（Heinrich Mann），埃利希-马利亚·雷尔克（Eric-Maria Remarque），还有诸多其他人，尽管他们有声望，生活中却有无数烦心的事。
	注意，当地人也并非更能交好运。你是知道印地安人命运的！在这里，当黑人和左派，这是致命的罪过。
	（冷笑）
	太寻常了，致命是个准确的字眼！
玻尔	对的，某些反应是可怕的，与民主是不相容的。我简直搞不懂这些。
爱因斯坦	宣布拥有下等人是不可忍受的。所以就有了一位优秀的黑人妇女。她是那么值得称赞，她超越了生活中极其恶劣的条件。刚刚发表了《黑孩子》的诗人理查德·赖特（Richard Wright）、诗人兰斯顿·休斯（Langston Hughes），妙哉！历史学家杜波依斯（Du Bois），英雄啊！还有我的朋友们，玛丽安·安德森（Marian Anderson）、保尔·罗伯逊（Paul Robeson），何等的艺术家呀！
玻尔	还没算一大群卓越的爵士乐音乐家呢。人们熟知他们吗？
爱因斯坦	这取决于公众和国家。甚至在这里，在普林斯顿，种族主义猖獗。一天，我得知玛丽安·安德森想举行一场独唱

	音乐会,但是酒店拒绝她入住。我即刻邀请她来我这儿住下。我们成为要好的朋友了。
玻尔	你是一个应该效仿的好榜样。
爱因斯坦	但是隔代遗传的种族主义拥有顽强的生命力。自从我踏上美国的土地,我就不停地参与不公正的案件。无证据而判罪,往往定为死罪,却为警察与当局所共谋。 (他做鬼脸,大声喊) 黑人啊!
玛雅	黑人这个词在这儿是带着某种蔑视而说出的。而狗和猫都比黑人更受重视!有人竟然在猫狗墓地给宠物猫狗立碑树传呢!
海伦	我经常发现神经过敏的人改变神经过敏,就像多愁善感的改变情感问题。
玻尔	道德和正义是艰难的事情,是……你很清楚,阿尔伯特,相对的! (爱因斯坦、海伦和玛雅笑了)
爱因斯坦	(严肃地)我坚持从个中看到了同样的残暴,那就是纳粹德国宣传部长戈培尔(Gobbels Paul Joseph)的残暴,他在焚烧了最著名作家们写作的60本书之后喊道:"知识主义完蛋了。" 反人道主义的第一个罪行就是反对思想的罪行。
玻尔	我太同意这个观点了!
爱因斯坦	自1933年起,我就写信告知丘吉尔(Churchill)有关德国的策划。现在,我在此也发出相似的提醒。 你知道,尼尔斯,独裁以其武力和谎言而占优势,所谓的民主只是谎言而已!
玛雅	如此,就产生了成百上千的敌人。
爱因斯坦	同时拥有了很多朋友,最好的朋友!

（他笑）

不是吗，尼尔斯！

（三个人都笑了）

玛雅 真想不到他能生活得如此宁静和安逸。

海伦 教授先生从来不听从我们要他谨慎的劝告。不管身体好坏，也不注意安全。

爱因斯坦 说起安全我就恼火。1933 年，我曾经对比利时的伊丽莎白王后说过此类安全问题，王后殿下马上派了两个卫队队员武装保护我的安全。

玻尔 是在比利时吗？

爱因斯坦 对，在离这个微型国家不太远的德国边境。我知道希特勒悬赏 25 000 美元缉拿我的人头。我真不知道我还值这么多钱！

（电话响了，海伦接听）

喂，噢，是您，纳坦（Nathan Hahn）先生。您好吗？好的。你要和教授先生讲话，我转给他，再见。

（爱因斯坦接过话筒）

爱因斯坦 你好，奥托！

（冲着尼尔斯·玻尔）

是我的老朋友纳坦。

有什么消息吗？啊，是吗？还等着，是吗？希望结束世界的悲惨。谢谢奥托。你要来和我们一起庆祝战争结束。当然，你准备好了就来吧。再见。

这是我的第二条看家狗❶，和海伦一样忠实、一样宝贝。

（海伦微笑着点头）

---

❶ 忠实的看家狗奥托·纳坦（Otto Nathan），一生为爱因斯坦忠诚的朋友，真正的猛犬。他和爱因斯坦的秘书海伦·杜卡斯一样，同是爱因斯坦的遗产管理人，在其离世后忠诚如故。——译者注

玛雅	是好消息吗?
爱因斯坦	好极了!纳粹德国无条件投降了。美国军队和俄国军队在柏林及其他地方结盟友好了。
玻尔	终于!我们可以喘口气了。
海伦和玛雅	太好了!
爱因斯坦	(稍后,神情令人吃惊地、严重地) 但是,还应该赢得和平! (大家满怀疑惑地看着他)

第 三 幕

时间：1949 年 1 月。
地点：爱因斯坦曾于 1948 年 12 月入院休养。
医院位于加利福尼亚州的丽都（Lido Beach）湾海滨，
他可以在那儿玩帆船驾驶活动。
玛雅——爱因斯坦的妹妹，瘫痪了，坐在沙发上读书，
秘书海伦·杜卡斯走出去，
爱因斯坦去世的妻子爱尔莎的女儿玛戈特走进来。
随后，一个大约 8 岁的小男孩罗伯托
和黑人艺术家、战士保尔·罗伯逊
及匈牙利物理学家莱奥·齐拉特上场。

第一场

（玛雅在沙发上看书，海伦整理信件，玛戈特从旁边一个房间走出来）

玛戈特 你难道不相信他不止一次地高估自己吗，我们的阿尔伯特？他走出医院了，他来加利福尼亚是休息吗？他在做什么呀？

玛雅 他在办公室里工作，借口在帆船上伸展伸展，还……还不停地接待来访者。假如医生们知道这些情况该如何！

玛戈特 他对此毫不在乎！我很少看到一个如此蔑视死亡的人。

玛雅 可是这一次，是很严重的。医生们说他最多延长6~7年的生命，果真如此吗？

玛戈特 嗨，是的。都说他自己还没有意识到，可是他很快就70岁了。

玛雅 今年的生日，将又是一段故事……可他那么讨厌仪式。哪怕是为他自己举办的仪式！

玛戈特 尖刻的批评，真棒！

玛雅 他把时间看做第四维空间，但是无人能具体地代表它。

（随后，笑了）

甚至他自己！

第二场

（海伦进来，还有一个大约 8 岁的男孩）

海伦	我给你们带来一个崇拜教授的小朋友。你们瞧瞧他，他先是接近我，接着就询问教授的身体情况。
玛雅	他多么可爱啊！ 你好！你叫什么名字？
男孩	罗伯托。
玛戈特	你住在这儿吗？
男孩	是的，和我父母一起住。
玛雅	你上学吗？
男孩	上学，当然上。
玛戈特	喜欢上学吗？
男孩	（撇撇嘴） 嗯……我更喜欢踢足球，但是……
玛戈特	应该去学校，是不是。为了你的将来……
玛雅	所以，你才是爱因斯坦先生的小欣赏者！
男孩	（有点不好意思） 我认识他，而且……
玛雅	什么？
男孩	（还是紧张） 我想看见他……靠近地看看他。

第三场

（爱因斯坦突然从旁边的办公室进来）

爱因斯坦　我在这儿呢，我的男孩儿！
（罗伯托惊喜地跳起来，
引得三个大人笑了）
你叫什么名字？

罗伯托　我叫罗伯托，先生。

爱因斯坦　既漂亮又有魄力！怎么，你还认识我？
在普林斯顿，大家都认识我，但是在这儿……，很奇怪哟。

罗伯托　我在连环画上认识您的。

爱因斯坦　通过连环画，哈哈，有意思，好！
（他转头冲着女士们）
自净发剂之后，牙粉、雪茄、花露水，甚至威士忌，样样都少不了我！
（向着罗伯托）
像我吗？

罗伯托　像，但是……您在书中更年轻。
（成人们笑了）

爱因斯坦　你看，就是这样，荣光！人们只要年轻的我哟。但是岁月不饶人哪。

罗伯托　我爷爷掉了很多头发！可是您……和在连环画上一样。
（大人们又笑了）

爱因斯坦　至少，人们通过我的头发认识我，也通过我的研究认识我。

	为什么你想见到我呢？仅仅是比较吗？
罗伯托	我知道您生病了。
爱因斯坦	啊，这样子！那你是怎么知道的呢？
罗伯托	听广播。
爱因斯坦	（矫揉造作地咕哝）
	是这样子！我再也没有隐私了。
	（笑）
	我的五脏六腑都公布于众了！
	（男孩显得有些尴尬）
	你喜欢广告吗？
罗伯托	有时候喜欢，挺有趣的。
爱因斯坦	有一天你有名气了，你喜欢自己也被别人钦佩、仰慕吗？
罗伯托	噢，是的，先生！
爱因斯坦	在哪些方面？
罗伯托	（做踢球的冲力状）
	足球！
	（女士们笑了，
	爱因斯坦笑之前惊跳一下）
爱因斯坦	你羡慕足球运动员吗？
罗伯托	噢，是的，先生！
爱因斯坦	这太好了，罗伯托。记住：比羡慕更值得的是被羡慕。
	（男孩做出一个奇怪的手势模样）
	我也是，我喜欢出色的男人。
玛雅	（奸诈地）
	不喜欢女人吗？
爱因斯坦	只要是杰出的女人。玛丽·居里，比如说。但是少之甚少了。
	（玛雅和玛戈特不出声了）

(爱因斯坦对罗伯托笑笑，接着说)

我嘛，我更为仰慕的不是运动员，而是学者、作家、艺术家……但是，更主要的是，能够羡慕。在羡慕中长大，成长为最杰出的人。

罗伯托 （感到有趣）

您羡慕谁呢，先生？

爱因斯坦 首先，我羡慕孩子们。一天，一个小女孩写信问我："您真的活着吗？"我回答她："我为孩子们活着……"另一个小女孩给我写信说她要去理发，好让我看看她的模样。这多么可爱，是不是？我羡慕的那些大人嘛，你肯定不认识，他们是一些敢于讲真话的人，哪怕对那些干扰他们的、对他们存有敌意的人。他们是敢于为人类利益做应该做的事情的人们，哪怕他们为此承担后果……你以后会懂的……我还欣赏那些创新的人，那些为我们提供美好的艺术家们，比如莫扎特。你知道莫扎特吗？

罗伯托 （有点难为情）

不知道，先生。

爱因斯坦 没有关系。记住这个名字。你要学着热爱他。你会从中感受到幸福的。

（过一会儿）

在你的连环画中，有看见我演奏小提琴吗？

罗伯托 没有，先生。

爱因斯坦 太遗憾了！好吧。

（他转身对海伦说）

给我拿一些小礼物送给这个可爱的男孩儿。

（当海伦去厨房时，

他对罗伯托说）

年轻太宝贵了。你知道是一个差不多和你同龄的男孩教会我们溜溜球技术的吗？

（对玛雅）

你记得托马斯·布吉（Thomas Buky）吗？古斯塔夫医生的儿子。

（玛雅点头）

噢，对了，那是 1932 在柏林，就是我出发来美国之前。

（对罗伯托）

再见，年轻人，

（他拉着罗伯托的手）

罗伯托 再见先生，我要……谢谢您！

（海伦走过来，

把糖果给罗伯托）

谢谢，夫人。

爱因斯坦 我遇见你太高兴了，罗伯托。你好奇，太好了。我也一样，我也好奇。这样，才能成为学者。这比聪明更重要……可是，我很好奇，我想问你，你是怎么知道我住在这儿呢？

罗伯托 我看见过两次您从这幢房子走出来……但是从远处看的！有一次您和夫人。

（他指指海伦）

今天听了广播，我就想问问夫人，我想知道您的情况。

爱因斯坦 你真是太可爱了，谢谢，罗伯托，再见！

（女士们一起说）

再见，罗伯托。

爱因斯坦 别忘了要充满好奇，要充满羡慕……为了值得付出的一切！

（海伦带着罗伯托出门。

大家都微笑相送。

突然，在门口，罗伯托转身）

罗伯托 爱因斯坦先生，您是一个好奇怪的人。

第四场

爱因斯坦 （向女士们说）
这个小家伙，他生活在这个国度真幸运。

玛戈特 您可不总是这样温柔地对待美国呀。

爱因斯坦 当然，如同男人一样，国家也充满错误。但是，在这个多民族的动物之国，好奇的精神比在一个失去身份的角落更能得到发展，乡土产生法规。传统有时如枷锁一般。

玛雅 不要过于蔑视种族主义！

爱因斯坦 当然。还有……但大多数总是沃土。如同生物学中的杂交，如同各民族的文化交融。再有，哪怕在这儿技术企图排挤才华，但这个国家有那么多的资源、物质和人才，比起我们古老的欧洲，它更能够容易地克服他们自己的危机。

玛雅 有一天，您曾对我们回忆说……
（狡猾地）
很羡慕地说你的伟大荷兰朋友洛伦茨（Lorentz）的话："我感到幸福，我属于一个小小的、却做了巨大荒唐事的民族。"

爱因斯坦 我本来可以说同样的话！今天我还是想这样说……
（过一会儿）
缺少传统可能有利于解放。限制反而利于进步！技术的特别优势，普及的合理化乃是明日获胜的王牌……

玛戈特 合理化不会因循守旧吧？

爱因斯坦 有时会，但在这里，我认为因循守旧却不怎么自私。看一看文化！还有研究！除去国家反而会以社会责任之最佳释意得到回报，特别是私人投资的具体化。

玛戈特　您，蔑视金钱吗？

爱因斯坦　这不仅仅是一个金钱的问题。团队精神、共同负责、忠诚所致，一切都是鲜活的、有生命力的。美国人的笑脸表现出这种无拘无束、这种信任……乐观主义本就是年轻人的天赋。对于一个民族也是如此！

玛戈特　年轻有时候会表现得不谨慎，没经验，做事不但不合逻辑，有时还会虎头蛇尾。

爱因斯坦　我也注意到了。但是这种活力对我来说是基本的。

玛雅　活力会与可笑的目的相捆绑。这里充斥着荣光、奢华，有时孤立！

爱因斯坦　通过人道！自由和繁荣强调这种通过在一个能称之为"美元国"的国度，我同意。但是在各处，人们不是无意识地自觉自愿吗？

玛雅　阿尔贝特，难道这就是为什么你经常过着"堂吉诃德"（Don Quichotte）式的日子吗？

爱因斯坦　这是我的责任。一种孤单的呐喊，面对疯人们的喧嚣。磨盘企图将我碾碎。但是我却依然稳稳地屹立着。

玛戈特　被世界名声所磨碎！

爱因斯坦　荣耀和名声的面粉，我可不用它做我的面包！

（稍后）

我的标准嘛，它就是：以何种水平，出于什么目的，人们能从自我中解放出来。洛伦茨曾有一个名言："不要统治而要服务。"这样子有多好！

玛雅　（狡黠地）

你真的认为这就是美国的好处吗？

（当他们辩论时，

（海伦走出去，又回来，忙活着干她的事，
一会儿抱着一堆一堆的档案，
然后，她又忙着分拣）

海伦 教授先生，您的确世界闻名。这是给您的第三封信，同样的地址：寄往美国，爱因斯坦收！

爱因斯坦 神奇的邮政！简直就像孩子们写信给圣诞老人一样。

（稍后）

海伦 教授先生，我提醒一下您，您的朋友莱奥·齐拉特和保尔·罗伯逊先生的来访。

爱因斯坦 谢谢，海伦。如果哪位到了，请叫我一声。我现在去休息一会儿。

（说完他走出去）

第五场

玛戈特	他累了,但是头脑永远充满活力。
玛雅	他的大脑是无可指责的,离世时也绝对不会老化迟钝。
玛戈特	失去智慧对他来说将是最糟糕的灾难。
玛雅	你们知道吗,有一天他如何对我说起他的大脑?
海伦和玛戈特	不知道。
玛雅	"和所有假学者及偶像崇拜一样,如果人们要切下我的大脑以发现基因的秘密,你不要感到惊奇。"他还说:"如同人们经常对我说,你有明亮的眼睛,我在一个短颈大口瓶和一个保险箱里看见了它们——我的眼睛!"然后,他哈哈大笑:"幸好我不是唐璜(Don Juan):你们看黑板!"
	(她们笑了,但局促不安地)
玛戈特	我好像感觉他的聪明、智慧阻碍他提出一些空幻的问题,比如生存的目标或者生存的意义。
玛雅	很多人都落入了伪学之超感觉的陷阱之中。
海伦	他从未停止选择目标,以他的好奇、意志、痴情于弄懂的需求而创造生活的意义,他声明这是男人根本的责任。
玛雅	他不等待来自外界的什么。也不那么超自然!
海伦	深刻地说,这位伟大的幻想家,这位不知悔改的理想主义分子却脚踏实地在这片土地上。
玛雅	总之,他再次跌落在他自己的爪子上了。
海伦	但是,人们说,有时候他有兴致创造些混乱。

玛戈特	怎么是这样子？
海伦	比如，他自愿用"上帝"一词。而且，他非常高兴这儿！然而，明显地，他是无神论者，他时常这样说。被他称之为"宇宙宗教的东西"，简单地说，就是了解天地万物的意志。"上帝，就是他研究的最为强大的动力"，他如是说。
玛戈特	研究与神学没有丝毫关联！
玛雅	作为他的妹妹，我可以向你们保证，他既不能容忍神职人员，也受不了独断主义。其真实的思想是与其他学者的道德学不可比较的。而他轻松地讽刺了如此幼稚的且具有人形的代表——类人猿。
海伦	不管怎样，有某种混乱的危险。
玛戈特	我想他觉着这样好玩，有时候他喜欢玩可怕的儿童游戏。有一天，他曾这样对我说："我不能想象一个神报答和惩罚他自己所创造的作品。"
玛雅	而且，同样荒唐的小心眼糟糕地与他固有的宽宏大量融合在同一个框架中。他把叔本华的惯用语作为自己的了："我愿意将我获得的所有如数给予。"
玛戈特	关于抒发神奇的人类感情对于他似乎是完全无谓的。他知晓男人创造了活生生的、属于自己的神。
海伦	总之，他有生活的力量，而无须信仰者所称道的什么期望之类的东西。
玛雅	但是他看得见地球上无处不在的双重期望：和平和进步。他的生命被分成了科学和政治。
海伦	当然，不是政治阴谋。政治就如同管理公众财产。我认为甚至是全球财富。 利登堡（Lichtenberg）已作出结论："一个只关心其他人的自私之人"。这对他倒是不错的结论。
玛戈特	这是一位伟大的隐遁者，太离群的人！

第六场

（门铃响，海伦开门）

海伦 您好！罗伯逊先生。
（著名艺术家和黑人男中音歌唱家
保尔·罗伯逊进来）

罗伯逊 夫人们好。
（他特别逐个地向每位女士致意）
我们的学者好吗？

玛戈特 好！如您所知，他正在恢复健康。

罗伯逊 对的。所以我想看看他。

海伦 我去叫他。

玛雅 您也很忙吧？

罗伯逊 噢，是的！舞台、电影院、录音、还有……政治！

第七场

（海伦和爱因斯坦进来）

爱因斯坦 我的老朋友！看见你太高兴了！
罗伯逊 您身体可好？您还经得住手术吧？
爱因斯坦 你不是看到了吗？
罗伯逊 我在举办一场音乐会，离这儿不远。我想来问候您。但是只能待一会儿。
爱因斯坦 没关系，真正的朋友来绝对不打扰我。我们坐。

（他坐在沙发上，罗伯逊靠近他坐下）

海伦 罗伯逊先生，我给您沏一杯茶，还是倒一杯冰饮？
罗伯逊 不用了，谢谢，夫人，您太客气了。
爱因斯坦 谈谈你自己。极端右派正处于发疯期，你怎么样了？
罗伯逊 对左派强硬……对我这样种族的人强硬！这是显而易见的、不容置疑的。
爱因斯坦 种族主义在这里是一种可怕的疾病，一代接一代地传播。

（他随后转过身对女人们说）

你们还记得吗，1946年，保尔曾建议我参加战斗，以制止迫害事件？
玛雅 我当然记得。这是一场艰难的战斗。
海伦 我记得您当时是副主席。
爱因斯坦 这是我们两个人反对杜鲁门的时代，支持亨利·华莱士（Hwney Wallace），他是唯一真正的民主人士。
罗伯逊 反对种族歧视，争取民主而斗争，这是同样的战斗。但是，还不能肯定将前者连根拔起，并建立民主。

第三幕

爱因斯坦 我真遗憾没能够参加 9 月在华盛顿的盛大游行。都怪我这身体……

罗伯逊 我也遗憾您没参加,因为和杜鲁门的谈判是一种灾难,困难重重啊。可能您的声望……

爱因斯坦 我的声望也不足以能够成功反对政治犬儒主义!

罗伯逊 对了,您知道黑豹——著名的黑人兵团(Black Panthers)吗? 1944 年阿登山(Ardennes)战役的英雄们,他们一直等待官方承认他们的功绩吗?

爱因斯坦 说明现在的当局比卑劣的破坏行为好不了多少!关于种族主义,我们可以重新收复拉封丹(La Fontaire),你知道的,法国寓言家:"他们不会因此而全部死掉,但所有人都遭到了打击。"如何能信任法庭?政府不但在佐治亚州(Georgie)门罗(Monroe)的屠杀中有过失,而且在路易斯安那州(Louisiane),约翰·琼斯(John Jones)被郡长交给了屠夫们,他遭到残害并因此而致残,还是难逃其咎。一个充满了财富和恐惧的民族,真让人对此感到恶心。

罗伯逊 哼,能举出无数的事例来。

爱因斯坦 1946 年,那年我也接受了美国宾夕法尼亚州(Pennsylvanie)林肯大学———所小型大学——所授予的名誉博士头衔,这是首次给黑人保留的。

罗伯逊 我记得这件事。您在讲演时揭露了"种族主义魔鬼"。

爱因斯坦 讲演并不为新闻界所知,可是当新闻界通常例举我的时候还引以为荣光呢。这太有意思了。

(稍后)

自 1931 年开始,我就在美国全国有色人种促进协会(NAACP)组织的杂志《危机》(The Crisis)上发表过一篇揭露种族主义的文章?你知道吗?

罗伯逊	作为非洲事务理事会的主席,我在1941年才得知此事。
爱因斯坦	总之,黑人是美国国内的殖民地,所有殖民化都是可憎之事,是对文明的否认。
罗伯逊	所以,我刚刚声明美国黑人与努力在全世界范围内加速非殖民化进程的苏联战斗是不合逻辑的。社会主义是解放黑人的唯一道路。
爱因斯坦	这将使你更有价值,保尔。但我不肯定所有的黑人领袖是否都赞成你。 我们的民众是那么地浸满反共产主义情绪。巨大的恐"红"和惧怕微生物!
罗伯逊	我知道。他们已收走了我的护照、我的汽车保险!但是这些促使我思考……也许这能够钳制谵妄的军国主义!
爱因斯坦	希望如此吧。军国主义不仅仅导致战争,它还腐蚀民主和人道精神。
罗伯逊	您知道警察抄录了前来听我的音乐会和演讲的听众和与会人的汽车牌照号了吗?
爱因斯坦	(开玩笑地,逗趣地) 那么,我能隐匿姓名和身份参加了,因为我没有汽车啊。
罗伯逊	您,隐匿身份? 您在这次战斗中所表现的坚韧与顽强真让我惊叹之极。当一位白人慷慨地认可我们事业的合法性,我们这些黑人感到那么地幸福。真的。
爱因斯坦	声望之本分。这样定能保障支持所有正确的事业,从而使民众提高政治意识,支持一切正确的、反对所有不正确的。
罗伯逊	尽管我作出了所有努力,我还是感觉没有前进。皆因为"冷战",右派抬头,突然间,种族主义变得更加冷酷无情。

爱因斯坦	这是一种邪恶。我记得,我自己曾以为普林斯顿是天堂。有一阵子,我找到了家的感觉。确实,不在别处,是在我自己的家……
罗伯逊	我记得,当我对您讲述我的家乡普林斯顿城和佐治亚州的种植园同样是种族隔离之地时,您吃惊的样子。这是盎格鲁-撒克逊(WASP)白人新教徒所统治的内陆国中之国。
爱因斯坦	当饭店确实拒绝留宿你的同事——玛丽安·安德森这位卓越的美国黑人女歌唱家时,我对此确信无疑。
罗伯逊	是您给她敞开了您的家门!
爱因斯坦	确实如此!一件坏事能萌发一件好事。要不是普林斯顿的种族主义,我怎能交到这样一位好朋友……但是这也将我们处于美国联邦调查局(FBI)的瞄准镜之中了!
罗伯逊	您也与我一样吗?
爱因斯坦	有过之而无不及。
罗伯逊	我感觉到敌意在上升。他们越来越多地取消我的音乐会,我觉着我很快就将被禁止上电视了。
爱因斯坦	简直不可思议!如此这样对待一个天才,一个享有国际声誉的天才。美国联邦调查局的人,他们都疯了!他们有什么权力插手艺术生活?
罗伯逊	这是一种隐匿的、狡诈的影响。别忘记在这里,作为黑人和左派,就是犯了双重弥天大罪的罪恶分子。
爱因斯坦	(苦涩地) 就是这个说辞。
罗伯逊	甚至在体育方面也如此。我还是学生的时候,我第一次想加入一个足球队。我是第一个这么做的黑人。
爱因斯坦	甚是勇敢!
罗伯逊	但球队的白人球员做了什么?他们把我痛打一顿,打断了

	鼻梁骨，肩膀都脱臼了……直至今日我歌唱时还时时感到疼痛呢。
爱因斯坦	这真是刻骨铭心的"欢迎"啊！
罗伯逊	这就是这个国家基本的现实。不会那么快改变的。
爱因斯坦	但是处于国际压力，可能，不管怎样，会促使这个国家向着文明和民主进发！……
罗伯逊	亲爱的教授，亲爱的朋友，请原谅我，现在我该走了。我很高兴再次看见您，并且看到您的身体康复了。
爱因斯坦	只要种族主义存在，我就要活着。况且……还有在医生在嘛！
罗伯逊	很快，我们在普林斯顿再见。
爱因斯坦	我完全相信，我们还有那么多的事情要一起做呢。
罗伯逊	再见，夫人们。

（他向女士们道别后，
海伦带他出门）

第八场

爱因斯坦　这个小伙子具有其独特的纯种基因。他与一个老物理学者有着很多不同之处。多么有力量、才华横溢、政治上如此睿智！

海伦　他的人生生涯令人惊叹不已。他在百老汇（Broadway）演唱的《奥赛罗》（*Othello*）简直是一次胜利凯旋。

玛戈特　电影《故乡》是那么地动人心弦。

爱因斯坦　尽管他有成功，可机会主义者却把他捧为共产主义者。或许是由于他的成功！当然，与其他黑人不同，他揭露民众自由中的暴力行为。

玛雅　这不是他第一次躲过迫害。无论是多亏自身的还是外力的躲过！

玛戈特　他不会放下武器。

海伦　这一切来自非同一般的、沉稳的勇敢。

玛戈特　奥林匹斯式的完美沉着。

玛雅　一位真真正正的伟大先生！应该支持他。

爱因斯坦　美国应该以他而感到荣幸，为他而自豪，而不是对他追逼、迫害。

　　　　我特别担心这事儿还没有结束！胡佛和美国联邦调查局将对他进行猛烈追击。政治荒谬哇！

第九场

(门铃响了,海伦去开门)

海伦　　　您好!齐拉特先生。您身体好吗?
齐拉特　　很好,谢谢夫人。
　　　　　啊,玛雅和玛戈特都在。
　　　　　(他们互相问好后,
　　　　　爱因斯坦起身,热情地走向朋友)
爱因斯坦　你好,莱奥,什么风把你吹来了?
　　　　　(有点狡猾地)
　　　　　今天没有工作!我在疗养……
齐拉特　　你做得对,你应该休息。
爱因斯坦　有什么讲给我听的吗?
　　　　　(不等答话,他对海伦说)
　　　　　能给我们上茶吗?
　　　　　(海伦走向厨房)
齐拉特　　最轰动的消息是,苏联原子弹的成功近迫在眉睫。
爱因斯坦　难道很快吗?
齐拉特　　所有情报都印证了。毫无疑问也就是几个星期的事了。
爱因斯坦　这是一件好事!
　　　　　(女人们惊喜地跳起来)
　　　　　自然界的种种垄断,太危险!
齐拉特　　成倍的大量杀伤性导弹,太危险了。但是,如果能够找到一个平衡点的话……
玛雅　　　恐怖中的一种平衡吗?

爱因斯坦	倒不如说是一场不可避免的战斗!
玛戈特	为人类作出如此选择!
爱因斯坦	但是美国已经搞氢弹了。美国要掌控它的进展。这是军备竞赛!
玛雅	希望领导者们理智……
玛戈特	只能是希望了。
爱因斯坦	地球的死亡日即将来临!
齐拉特	无情的斯大林……
爱因斯坦	杜鲁门,反动分子!
玛雅	可他是民主党人。
爱因斯坦	民主!何时给他定的民主!你们想想他是如何暗害华莱士的,他才是真正的民主人士呢!
齐拉特	确实,他是民选总统,他倒是或多或少的"左"派。
爱因斯坦	或许是他发现美国的种族主义服务于为共产主义宣传的时候。比如当胡志明敢于高声说出非洲、亚洲和拉丁美洲之心内悄悄所想!
齐拉特	自从 1945 年,右派手舞足蹈,操纵闹事。军人当然也如此!
爱因斯坦	为了掌控经济和社会的不公正嘛。
玛戈特	甚至这些在各处滋养了共产主义。
爱因斯坦	共产主义的恐怖使美国变得完全疯了。他们把科学家改变成了可怕事业的士兵。你大概能回忆起,美国联邦调查局竟然重复纳粹的宣传:"爱因斯坦的数学是共产分子!"
齐拉特	审查官愚蠢的指责无休无止。
爱因斯坦	我不停地自责,我也曾对你讲过,只因为自己曾鼓动罗斯福同意研究制造原子弹……幸好军界将我排除在这一计划之外!
齐拉特	可是,只有以你的声望,当肯定纳粹们还没有拥有原子炸

	弹的时候,你应该是唯一能够阻止这一可怕家伙的人。
爱因斯坦	正是为此,他们才阻挡我接近曼哈顿计划!
	(稍停,狡猾地)
	我想过这些,真正的负责人该不是匈牙利人吧?你的党,什么样子!
	(他们大笑。海伦和玛戈特给他们上茶。
	玛雅仍坐在沙发上,问)
玛雅	你讲的什么意思,阿尔贝特?
齐拉特	确实,没有我们,匈牙利的逃亡者,他们可能已不存在了。
爱因斯坦	从未见过如此之多出自布达佩斯的学者吗?
齐拉特	友人维格纳(Wigner),他曾经对"在解释自然现象中数学之不合理的功效"感到震惊不已。
爱因斯坦	爱德华·泰勒(Edouard Teller)现在正致力于制造氢弹!而他先前曾经支持我的建立一个世界政府的想法。
齐拉特	约翰·冯-诺依曼(John von Neumann),神奇导弹之父,他是一台计算机。
爱因斯坦	加上你,维格纳和泰勒,他为曼哈顿计划组成了出色的四人帮组。
齐拉特	(显出虚假的自豪和庄严之状)
	所以匈牙利聚集了美国和英国的科学财富。
爱因斯坦	别夸张了,莱奥……噢,又来了!
	(他们笑了)
齐拉特	我的同胞阿瑟·库斯勒(Arthur Koestler)写了自拜占廷(Byzance)之后关于文人大量外流的报道。
爱因斯坦	(一直在笑)
	沙文主义!
齐拉特	难道你忘了丹尼斯·枷柏(Dennis Gabor)、佐尔坦·巴

乌（Zoltan Bay）、盖奥尔格·冯－贝凯希（Georg Von Bekesy）以及那么多医学的、文化的、电影业的知识分子……，多么强大的匈牙利诺贝尔奖！

爱因斯坦　（又开始严肃的表情）
我也记得诺贝尔医学奖得主阿尔贝特·森特－哲尔吉（Albert Szent-Györgri）……在 1937 年吧，我想是。那时他已经开始反对将科学用于军事了。

齐拉特　我们那些作出努力的先驱！但是，不怎么多也比只是听强得多。

爱因斯坦　总之，杜鲁门能够说："谢谢希特勒！谢谢斯大林！谢谢霍尔蒂（Horty）！"

齐拉特　这件事可以如此说：一些人的痛苦成就了另外一些人的幸福。

爱因斯坦　事件的压力是残酷的！无情的！无法逃避的！但是，压力本身又迫使人们相互竞争。又怎能用其他方式解释各类才华的繁茂花季呢！

齐拉特　关于才干嘛……我将尝试其他。我厌恶军事化、工业化的科学，被利益驱动的科学。还有……我被怀疑是共产分子！

爱因斯坦　那时候，真是平庸！那么你将来干什么？莱奥，无法预料？他们疯咬那些不屈服之人，并将其逐出曼哈顿计划。

齐拉特　我将投入对海豚的研究。

爱因斯坦　海豚！这离原子相差太远了！

齐拉特　海豚是聪明而群居的动物。毫无疑问，不会像人类……它们，不会自相残杀，自相毁灭。

爱因斯坦　当然，这可能很有意思。你一定要告诉我研究的进展情况。

齐拉特　这还不是全部。

爱因斯坦	噢,请讲!
齐拉特	你读过小说家赫伯特-乔治·威尔斯(Herbert-George Wells)的作品吗?
爱因斯坦	仅仅读过某些作品。他的作品使我感动。如果我没有记错的话,在……《时间机器》这本书中,有四维的思想理念。
齐拉特	对,你知道,自从1914年,他就已经预言原子武器了。
爱因斯坦	浪漫的想象有时居然预感到了科学,令人吃惊!
齐拉特	对,有迷惑力的。
爱因斯坦	我记得他在初期就支持相对论。而且与另一位作家朋友——乔治·萧伯纳(Bernard Shaw)一起,比某些物理学家都更加支持相对论。
齐拉特	有时候,同事却都是靠不住的、令人失望的。
爱因斯坦	我想是1930年在伦敦,他们两人参加了招待我的慈善宴会。那是一个友谊的节日。 但是……你到底想怎么样?
齐拉特	阿尔贝特,你会感到大跌眼镜的……我要,我也是,将投入梦幻科学中去!
爱因斯坦	(吃惊地哑然) 莱奥,你不会永远让我吃惊不已吧! (海伦进来,端着饮料,电话响了,当玛戈特上茶时,海伦听电话)
海伦	您好,纳坦(Nathan)先生,您好!对,教授在家。和他的同事齐拉特先生。不,您没有打扰我们。教授来接电话了。 (爱因斯坦听见海伦的话儿,过来接电话)
爱因斯坦	你好,奥托。你知道的,你从没有打扰过我,有什么消息吗?啊,是吗?这对我们是一个好消息。但是将来怎么

办？一场战争，赢得了战争，却永远不是解决问题的好办法。你知道我的看法。哪天我们见个面吧。对，行。我代你向齐拉特问好。谢谢，奥托，回头见。

（他又来到齐拉特身旁）

奥托问候你。他非常激动。以色列人严重地打击了埃及人。

玛雅	这是极好的消息。
海伦	阿拉伯人可能将会老实些了。
齐拉特	我说呗！因为我担心以色列。
爱因斯坦	而我呢，我为中东的和平而感到心颤！
玛雅	如果以色列人赢得尊重，他们会获得和平的。
海伦	应该建立一种平衡以使地区平衡。
爱因斯坦	战争挑起并滋养仇恨。而胜利则引起贪婪欲望！
齐拉特	经常如此。但是我们人类往往放纵人们交战。应该组成一个民族，使一个国家尽善尽美。发展经济，和平是必不可少的。
爱因斯坦	我曾经读过、写过、重申过：唯一要做事情——就是和阿拉伯人进行对话，以谈判来达到谅解。 相互的公正、公平与尊重，这才是坚实的和平基础。但这些却没有开好头！
海伦	我发现您很悲观。
爱因斯坦	耶路撒冷的希伯来大学，坐落在风景秀丽的斯科普斯（Scopus）山上，向世界开放，这就是我对以色列的看法，我梦想中的一个传播文化的、非世俗的，且具有普及性质的复国运动！ 伏尔泰（Voltaire）曾给腓特烈（Frederic）二世致信说："大学是国家的肺脏。"这就是事物之文明秩序。
玛雅	你终将不会遗憾犹太人的胜利！

爱因斯坦	不遗憾。但是我却看不到将来有什么益处。你们看,旗帜,对军人是那么地珍贵,但是对于混在一群羊中间的人来说,仅仅是一个记号而已。
齐拉特	至少现在我们可以相信我们的人民没有被抛在大海里。
玛雅	如某些人所愿。
齐拉特	对我来讲,还是积极的。
爱因斯坦	我也一样。但是我梦想一个具有双重国籍的国家,出生于具有两千年苦难历史考验的国度里的智者来管理的国家。
玛戈特	这对于您快过70岁生日的人来说是一个好消息。
爱因斯坦	(几乎跳起来)
	娘的,该死!确实如此。
	我还要遭受什么罪哟?
玛雅	那么,你怎么总不习惯吧!
玛戈特	难道不喜欢被祝贺、被情感包围吗?
爱因斯坦	我讨厌轻浮、无聊和贪恋名利,你们清楚这些!
海伦	如此可怕吗?
爱因斯坦	不是可怕,是愚蠢。什么是过分迷恋圆锥数字?他们有能力加快速度,要知道我可不等待下一个圆锥数字!
海伦	别这样说,我求您了!
玛戈特	由此您知道什么?
爱因斯坦	75岁,他们也能搞个庆祝会,疯狂的庆祝会。
玛雅	疯狂?像你那样!
爱因斯坦	而且,祝贺什么?一个消过毒的老物理学家。年轻人只是以纯礼节性的形式参加。
齐拉特	你深知不是这样的!
爱因斯坦	这将可能是一起诉状,也就是说……一次葬礼!而非大赦之年。
	(三个女人吃惊、气愤)

齐拉特	所指什么?
爱因斯坦	1/4 世纪的研究徒劳哇。这就是我的命运。就是在人们夸赞的我和实际的我之间存在一个巨大的矛盾。
齐拉特	绝没有人忘记你在物理方面的革命,甚至科学思想。如拉丁谚语所言:1905 年,好年头,你的吉祥年,人们如是说。
爱因斯坦	这是过去,莱奥,太久远了。今天,我扮演一个自以为聪明的老政治家。我自以为自己如同一只鸵鸟,将头藏在相对论的沙地之中,只是为了看不见坏墨子。
齐拉特	(轻轻嘲笑地) 归依之人往往非常之虔诚。你能改变太空之神,也能喜爱墨子神灵。
爱因斯坦	(微笑着) 一个玩骰子的神! (稍后) 我明白这一熟语:想要改变,可惜已老态龙钟。我曾以为自己再也不是我自己了。
齐拉特	一位伟大的法国诗人说过:"我是别人。" (大家都笑了)

第四幕

时间：1952 年 11 月。

地点：普林斯顿，爱因斯坦的家中。

爱因斯坦比之前见老了，显得有些疲倦，但是一如既往地充满热情。

像以往一样，他依然不修边幅。

其他还有海伦·杜卡斯、奥托-纳坦·哈恩，还有作家厄普顿·辛克莱。

第一场

（爱因斯坦读报纸，海伦整理信件，并做记录）

海伦　　　　教授先生……教授先生。

爱因斯坦　　（稍后）

什么事？

海伦　　　　泽利希（Seelig）先生询问以确认您是否已允许撰写您的传记。

爱因斯坦　　又来一个！总是明星界。

（稍等，顺从地）

我已经对他讲过了，确认吧，海伦，我将签字。

（他继续读报，过一会儿）

海伦　　　　教授先生……教授先生。

（过一阵儿）

爱因斯坦　　噢，海伦。

海伦　　　　请允许我提醒您今天的客人。

爱因斯坦　　噢，好的。

海伦　　　　您的老朋友奥托－纳坦。

爱因斯坦　　他嘛，他随便什么时间来都行。

海伦　　　　厄普顿·辛克莱先生也说要来拜访您。

爱因斯坦　　我非常欣赏他。他最近写的关于犹太人的新作非常好。他几点到？

海伦　　　　我想不会太晚。但是……

（她有些犹豫）

我想……

第四幕

(她犹豫)

爱因斯坦　怎么了,海伦?
海伦　　　最重要的是以色列总理本·古里安(Ben Gourion)的特使。
爱因斯坦　啊,对!

(深深地呼一口气)

只可惜我亲爱的朋友哈伊姆·魏茨曼(Chaïm Weizmann)已经离世了。这是以色列的一大损失。我对本·古里安却没有同样的信任。

海伦　　　您知道这次访问的目的吗?
爱因斯坦　噢,对!他来向我建议入主以色列国家总统府,任总统之职。
海伦　　　(震惊地)

噢?可是……这不可思议!但是怎么办?

爱因斯坦　放心吧,我不当!
海伦　　　噢……嗯……为什么呢?如此高尚的荣誉!
爱因斯坦　您想说,如此重大的责任吗?
海伦　　　这是您所获得的最享有盛名的提议。
爱因斯坦　那又如何?我接受科学的、人文的荣誉。但政治的嘛……呸!

(他做个鬼脸)

我对任何政府均无信心。而就我这把年纪、我的身体而言……我将以惨败告终。

(片刻)

我还会正式地告知政府一系列的事情,这是他们不喜欢听到的。你是了解的,我的那些外交蠢事!

海伦　　　您太夸张了。
爱因斯坦　国家之主和我一样都具有绝对自由主义精神……伟大的,了不起的,可……也是灾难。而且,我肯定本·古里安希望我悄悄地拒绝。

海伦 这是为什么？

爱因斯坦 因为我一直有庇护、捍卫犹太人的想法。他们对此事很注意，不是吗？但是我从来蔑视犹太国家。我感到民族主义、军国主义在崛起，我为此而感到担忧。

海伦 那边已有多起暴力事件发生，而且死了不少人！听说阿拉伯抢劫者正向犹太殖民者发起进攻。

爱因斯坦 我历来主张与阿拉伯人保持坚固的融洽与和睦。犹太人被斥不能与阿拉伯人融洽相处。我想象着一个双重民族的国家，拥有一个充满智慧的、具有相等数额的双方代表组成的政府。可能这太理想化了。

海伦 这将是和平的保障。

爱因斯坦 但是双方政府或政党内的鹰派不停地破坏和平。坦率地说，海伦，如果我们达不到和平，我们两千年的流浪、漂泊和苦难还有什么意义？阿拉伯人不能变成犹太人的犹太人！

海伦 我理解您，可是……

爱因斯坦 相信我，本·古里安会为我的拒绝而高兴的。何况政治嘛，远比物理更难！

（说完，他又继续读报）

海伦 （怯怯地）

教授先生？

爱因斯坦 哎，海伦……

海伦 （更加犹豫地）

可是这次拜访……

爱因斯坦 对呀，怎么了？

海伦 您……您不认为您该穿衣服吗？

爱因斯坦 你以为我裸着吗！

海伦	（窘状）
	不是这样子，可是……
爱因斯坦	现在这样子不成问题。如果他们想看见我的衣服，就打开壁橱吧！
	（说完，他哈哈大笑后又继续读报。
	海伦继续自己工作）

第二场

（门铃响了，海伦忙起身开门）

海伦　　　您好，纳坦先生。
纳坦　　　您好，海伦。我们的朋友身体好吗？
海伦　　　好。他在房间里，在等您呢。

（爱因斯坦起身，高兴地和来访者拥抱）

爱因斯坦　我的老朋友！太高兴了！你身体好吗？
纳坦　　　好！阿尔贝特，你呢，你身体怎么样？
爱因斯坦　你来看我，我一高兴身体就更好了。喝茶吗？

（纳坦示意喝，海伦去厨房端茶，他们两人坐下）

爱因斯坦　有什么消息吗？报纸的消息令人难以忍受。我们处于战争之中了。奥托！
纳坦　　　战争在朝鲜，远着呢！
爱因斯坦　但这是世界对抗的标志！可想而知用现有武器打第三次世界大战！
纳坦　　　自长崎之后，已不再用这些武器了。
爱因斯坦　但是所有的暴君仍在！斯大林、俄国人支持朝鲜的金日成，还有杜鲁门（Truman）和麦克阿瑟（Macarthur）支持的不得人心的李承晚（Sygman Rhee）。
纳坦　　　杜鲁门不是一个独裁者！
爱因斯坦　我对他毫无任何信任。他虚伪、厚颜无耻。我为罗斯福（Roosevelt）感到遗憾，尽管他有些优柔寡断。
纳坦　　　我以为你在画漫画，是不是？
爱因斯坦　您想啊，从一开始，我所建议的世界政府，包括和平，统统被破坏无遗。

纳坦　　　怎么讲？

（海伦给他们上茶后继续她的工作）

爱因斯坦　联盟分裂了。不管是斯大林还是杜鲁门都不肯以国家的迫切要求为重，反以示强而感到骄傲。

纳坦　　　不过，请原谅我，我觉得可能您的建议不够现实。

爱因斯坦　（有点激烈地）

可所有流出的鲜血，这是现实！刚刚脱离恐怖，却又陷入新的恐怖之中。忘记罪行，罪行重现。徒劳无益呀！我曾对你讲过徒劳无益，这将是一场毫无价值的竞赛。我就奇怪了，人类就那么快地忘记了政治比赛。
难道人本身就不能克制些、聪明些？

纳坦　　　很明显，我们没有接受这样的胜利，但是……

爱因斯坦　一个帝国主义式的地缘政治，只能带来灾难。

纳坦　　　你要给我讲解什么？

爱因斯坦　噢，对了，杜鲁门。

（他们喝茶）

1945年他曾承诺限制对日本人的威胁，并且不造成平民受害、伤亡。可是很快地，就在日本长崎（Nagasaki）和广岛（Hiroshima）发生了令人想象不到的恐怖怪事。
哪一国，美国还是日本？谁是屠夫！

纳坦　　　之前，日本人拒绝了最后通牒。人们就这样匆忙结束了战争，我们的士兵回国了。从而避免了多少人死亡啊！

爱因斯坦　可是从而造成几十年数倍的、难以忍受的痛苦哇。
那是成千上万的无辜哇！

纳坦　　　你知道有一个俗语：要有所得，必有……

爱因斯坦　全世界的觉悟由此而受到伤害。回忆一下奥本海姆（Ophenheimer）的可怕供词："我变成了死人。"正当那时，杜鲁门宣称："指引自由世界迈向人人安逸、幸福的人是我们。"可是你知道他是如何回答少数抗议者的吗？"当我们要对付一头牲畜——日本时，当然，我们应该把日本看做一头牲畜！"

纳坦　　这好可怕……

爱因斯坦　　以至于当黑人各界——他们也同样扪心自问，如果日本人不是受害者，那么我们是不是种族主义的受害者？1950年1月，杜鲁门宣布制造氢弹，"千倍的巨大威力"，他声称。

纳坦　　（努力打趣）
从这方面看自然还是不错，对不对？

爱因斯坦　　我同意你的看法。但是人类付出何种代价，就损失了什么样的道德、觉悟！你知道丘吉尔敢于公开感谢给美国人炸弹的魔鬼吗？

（纳坦眼睛朝天看。他们喝茶。爱因斯坦接着说）
齐拉特，你知道，我所喜爱的学生在柏林变为一个出色的同谋，只因他同150个科学家共同在反对使用原子弹的抗议书上签了字！徒劳无益呀。

纳坦　　政治！

爱因斯坦　　自从1944年，我就要求玻尔与丘吉尔及罗斯福接触以说服他们和俄国人融洽相处。结果呢，他们竟然把俄国人当成间谍监视起来了！

纳坦　　得，罗斯福也如是……权力呀，我的老友，帝国主义呀……

爱因斯坦　　没错。但是杜鲁门的蔑视表现令人担心。当我为了废除对黑人施行丑恶的、令人发指的私刑处死而斗争的时候，他却最终以投票主义而让步。难道这种憎恶情绪能让我对这些无动于衷吗？

纳坦　　风俗根深蒂固，地方病，就如你自己所写的一模一样。

爱因斯坦	我永远不会忘记1946年那个血腥的春天。这些从地狱脱险的黑人士兵们曾经忠实地服务他们的祖国,最终却受到迫害,被施以私刑死于家中。
纳坦	绝对的可怕!你讲得有道理。而他们呢,却以为合法地赢得了公民权!
爱因斯坦	还有奥本海默的慌乱不安。杜鲁门把他当做爱哭闹的婴孩儿!人们传说当我们的朋友对他说:"我闻到手上的血腥的味儿了!"杜鲁门递给他一条手帕说:"如果这使您感到不爽,擦掉吧!"
纳坦	你知道有一个谚语:"腐败之政权和绝对腐败之绝对政权!"我们倒是没有处在那样的权力之中!
爱因斯坦	还没完呢!
纳坦	你太挑剔了,阿尔贝特!
爱因斯坦	人类的道德已经遭到毁损。回想一下,民众和新闻界的大多数已经满足广岛事件了!最终,人们不太运用他们的大脑了。
纳坦	这是战争结束后惬意的心情。
爱因斯坦	原子的威力改变了诸多事情,除了我们的思想。而科学呢,长久以来,有益的东西却变成了梦魇。
纳坦	我嘛,我相信力量的平衡,有时候惧怕会是聪明的开始。
爱因斯坦	我更相信理智和宽厚。
纳坦	你是一个死不改悔的理想主义者!
爱因斯坦	纳粹并未死亡。它如同病毒一般,能变异,其表改变,却仍保持其毒性。在我们的军国主义和武装了希特勒臂膀的凯萨(Kaizer)之军国主义又有什么区别?
纳坦	阿尔贝特,大概你以你可怕的思想太注意这些了。可能将来不会那么糟糕。多数人会觉醒。你已经为此做了大量的贡献。我记得你的文章《战争或和平》已在1948年寄出

　　　　　　大约不下数千份吧。你同样批评了莫斯科和华盛顿。第二年，你又支持了在纽约华尔道夫（Waldorf）饭店召开的"世界和平科学与文化大会"。美国人、苏联人以及东欧人汇聚一堂对话与交流。相信我，你真的没有什么可自责的。

爱因斯坦　（苦涩地）

　　　　　　奥托，觉醒人与权力人之间的战斗是不平等的。民族主义是一场幼稚病，是人类的悲惨与不幸。

第三场

（敲门声，海伦去开门）

海伦　　　您好，辛克莱先生。请进！
辛克莱　　您好！夫人。我打扰了吧？
爱因斯坦　（站起身，迎接来访者）
　　　　　对我来讲，朋友从没有打扰我一说！你好，辛克莱，看见你太高兴了。
辛克莱　　您身体怎么样？
爱因斯坦　马马虎虎。但我仍然继续我的任务。之后……当然，无医可就时，我就升天吧。
海伦　　　教授先生本来八年前应该退休。但是他竟然不知道退休这个词，如同不知道害怕、谨慎、安全这类词一样。
爱因斯坦　有那么多事情要做，而生命又是如此短暂！况且，我们的朋友辛克莱亦是如此，对不对？
辛克莱　　做自己能做的……做自己认为应该做的……
爱因斯坦　应该做的！来，请坐在我们的朋友奥托旁边来。

（两位来访者互致问候）

海伦　　　几位喝茶吗？

（三人都赞成，海伦向厨房走去）

爱因斯坦　我喜欢你们论战，辛克莱。你最新出版的书也和以前的书一样好。
辛克莱　　您知道吗，这本书曾经被所有出版社拒绝。我不得不自己出版它！
爱因斯坦　（转向纳坦）

	你瞧瞧，我对你说过的吧。我们的民主已是疾患之驱。
辛克莱	我唯一的思想就是战斗，这是别人潜移默化地强加在我们身上的正统观念，它制约人们并顽强存在。所以，我是个令人怀疑的人。
爱因斯坦	你令人怀疑？那么我呢？ （他们二人哈哈大笑， 其他人为此感到一头雾水） 我从来就令人怀疑！当学生时，我是一个离奇古怪的人，很多老师都不喜欢我。在瑞士时，我是一个穷困潦倒的德国人。在德国，我是一个反军国主义者，也就是亲共产主义者。在布拉格，我是一个无宗教信仰者。在某些科学领域，我被视为一个骗子。或许，更优雅些讲，是"爱丽丝梦游仙境"（Alice au Pays des Merveilles）里发狂的制帽工。一个无处不在的犹太人！而在这里，我又是一个"红色分子"。和您一样啊，我亲爱的辛克莱。
辛克莱	我确实知道一些。驱逐"红色分子"成了一种民族运动，以国中之国的美国联邦调查局愚蠢的头目胡佛（Hoower）为首。麦卡锡（McCarthy）这个疯癫之人不但颠倒视听，而且破坏我们的民主。 当个工会主义者就变成不法之徒了。
爱因斯坦	更为令人吃惊的是，自从 1945 年，美利坚合众国竟然轻易地接收德国"难民"，这些"难民"——在 30 年代逃离希特勒的人们，却多多少少地曾向希特勒屈服过。可是我呢，自从 1950 年起，我却遭受了前所未有、如此之多的无端攻击。
纳坦	最让我感到痛心的是，人们的怯懦，特别是知识分子。
爱因斯坦	就像在每一个独裁时期！
纳坦	这真令人沮丧。您亲眼所见，在好莱坞（Hollywood），亨

第四幕

弗莱·鲍嘉（Hemphrey Bogant）极力巴结的样子、华特·迪斯尼（Walt Disney）和伊利亚·卡赞（Elia Kazan）的卑劣表现、还有罗纳德·里根（Ronald Reagan）这个卑微演员的德行。

真是可耻！

爱因斯坦 幸好一位卓别林（Chaplin）拯救了电影人的荣誉。

纳坦 卓别麟与胡佛及麦卡锡斗争，多么激烈的战斗！他肯定在战斗中作出爆炸性的业绩。

爱因斯坦 （开始笑了）

我不知道为何，我想象化装成胡佛的样子！天晓得。太像了，就像统治这里的那些虚伪清教主义的木偶一般。

辛克莱 您不觉着这样说有多妙吗？

爱因斯坦 怎么讲？

辛克莱 无论怎样，也就是叽咕叽咕这些事而已。要知道，他的假期都和同一个……朋友度过！在同一个饭店。当然这个饭店禁止犹太人、更禁止黑人入内！

爱因斯坦 关于好莱坞嘛，辛克莱，他们怂恿我出演一部关于原子弹的电影，你知道吗？

辛克莱 这个主题呀！

爱因斯坦 对，这个主题！"嘣"爆炸主题！

但是，这是我本人在美国米高梅影片公司（Metro-Goldwin-Mayer）用手中的东西点燃的"嘣"。

（稍后）

米高梅想插入一段发生在玫瑰水中的凄美爱情故事。颇具吸引力哟。

（他做出一付拥有黏粘性和吸引力之双手的姿态。电话响了。海伦接听电话）

海伦 教授先生，一个记者，他……

爱因斯坦　　（大声叫喊）
　　　　　　见鬼！
海伦　　　　（不知所措地）
　　　　　　教授先生没有时间，今天没有，不行，明天呀？
　　　　　　（爱因斯坦用生气的眼神看看海伦，做鬼脸）
　　　　　　明天也没有时间。教授先生太忙了。下星期呀？
　　　　　　（爱因斯坦伸一下舌头，如同著名的照片一样）
海伦　　　　我很抱歉，先生，他的身体状况……再见，先生。
　　　　　　（海伦挂断电话）
爱因斯坦　　（有点生气地）
　　　　　　"什么身体状况！"海伦，刚才这个人是要上门来的讨债鬼。
海伦　　　　（吃惊地）
　　　　　　为什么这样子？
爱因斯坦　　（严厉地）
　　　　　　您还没有弄懂媒体感兴趣的事，就是耸人听闻的新闻：丑闻、痛苦、死亡、意外事故！当我死亡的时候，你准能目睹这些！
海伦　　　　噢！请别这样讲嘛！
　　　　　　（她慌恐不安地接着整理信件）
爱因斯坦　　辛克莱，您知道吗，我被窥视，而且海伦也一样被联邦调查局监视。真是荣幸之至啊，我们和罗斯福总统的遗孀遭受的监视同出一辙。
辛克莱　　　怎么可能？
爱因斯坦　　他们不原谅埃莉诺娃（Eleannor），因为她曾经帮助过我，比她当总统的丈夫还"左"，而且毫无疑问还是玫瑰红色的。
纳坦　　　　疯狂的红色危机在扩大，但是它从远方而来。自20年代

	始,起因是镇压工人罢工,比如两个罢工工人萨科(Sacco)和万泽蒂(Vanzetti)。
辛克莱	对,自从 1947 年,胡佛声称共产党即将掌握政权。在这里!您能想象到吗?
纳坦	谎言越大,更易令人相信!
辛克莱	从 1939 年开始,胡佛就梦想将共产党置于法律保护之外。
爱因斯坦	当专横地判决他们 12 个头目监禁时,我抗议过。当然,我的隐秘共产分子的声誉亦随之确立了。
辛克莱	我十分愿意分享这份声誉!
爱因斯坦	然而令人深感好奇的是美国联邦调查局却忘记了,自 1924 年,我在莱文(Levine)的书序中指出苏联(URSS)的恐怖。而在 1929 年当我想保护托洛斯基(Trotsky)时,他却受到来自一个比他更为可怕的无赖的死亡威胁!啊!我为这些"权力病人"而感到恶心。
辛克莱	您知道的,我非常喜欢 1949 年发表在《每月评论》(*Honthly Review*)创刊号上您的一篇文章,题为《为什么要社会主义》。文章既明确、开放,又简洁大气。
爱因斯坦	1949 年?这一年我接待了尼赫鲁(Nehru)。我鼓励他创立不结盟运动。北大西洋公约组织(OTAN)令我厌恶。歇斯底里的"冷战",使我想起了 30 年代的德国。
辛克莱	我们再次生活在被专横严格的调查之中。然而很多人却认为这很正常。
爱因斯坦	1948 年,我在这儿接待波兰大使时讲过:"当心,这个房间里充满电线。我的家被严密监视了。"他再也不到这儿来了。我清楚,谈话肯定被美国联邦调查局录音了。我打赌他们还认为我与别人合作制造原子弹!他们想象我是个危险人物。怪事一桩!
辛克莱	所有原子弹专家都被秘密监视着。

爱因斯坦 我幸运没有搅在其中，但我仍然是可怀疑之人。

辛克莱 很遗憾亨利·华莱士（Wallace）在选举中失利。他在1946年所做的演讲清晰之极。这期间由于罢工的原因，杜鲁门要政治手段。他竟然提出建议将苏联逐出原子俱乐部，对其加以控制……什么美国监察员！百分之百地疯了！

爱因斯坦 杜鲁门先是利用华莱士，而我曾经赞扬过华莱士在反对军国主义中的勇敢行为。之后，杜鲁门随即把他辞退了。

纳坦 这是一个大罪过！遗憾的是他所创立的进步党，阿尔贝特，你是支持的，但却没能有什么突破。除掉华莱士，即是麦卡锡主义的来临。

辛克莱 首要是，随之而来的便是：给工会戴上了嘴套。

纳坦 1947年，人们怎样举手通过了反对"不忠诚行为"这条法律的呢？

辛克莱 一场驱赶巫师行动致使成千上万的雇员遭受政治审查。

爱因斯坦 我记起1932年，在柏林的领事馆，给我签发签证之前，他们欲询问我的政治观点。我摔门走人。而后，嘿，我拿到了签证。

纳坦 抵抗是艰难的，但是勇敢最终要付出代价。如此这般，你因来自胡佛和麦卡锡的怪诞而得到保护。你经历过被抓捕、带手铐、关进监狱吗？多么耸人听闻的案件！还有，美国的民主声望之下，有多么大的漏洞啊！他们可是不敢啊！

爱因斯坦 判处一名"圣洁的犹太人"，如同人们给我做了洗礼，特别是为一个"圣洁的教徒。"——这使我想起，当我定居美洲的时候，保尔·朗之万（Paul Langevin）就宣布："这就好像是梵蒂冈（le Vatican）被搬到了一个新的世界。物理界教皇被运至美国，而且美国将变成科学的中心。"你们面前有一个圣者和一个教皇。我可能是天堂里的第一个无神论者!

（大家都笑起来）

辛克莱　您离上天如此之近,我却浑然不知!
爱因斯坦　如此之近。尽管我深深地克制着。
辛克莱　您是这般的理智、如此的善于助人!
爱因斯坦　要知道,我小时候曾经逃过小提琴老师的课。他太愚蠢!如果玛雅还在这个世上,她一准儿对你们讲她常常重复的话:"要当阿尔贝特的妹妹就要头脑迟钝点。"
辛克莱　您真的令我吃惊不已。
爱因斯坦　可能是阅读了康德（Kant Immannuel）的作品后使我变得平和多了。多么完美的、神奇的精神境界!物理学,有时候也能服务于其他呢!

（大家笑了）

道理和思考在人们的行为举止中扮演着一个过于谦和的角色。

辛克莱　特别是政治人物!
爱因斯坦　瞧瞧欧州。共产党是被允许存在的,甚至可以参加政府!再看法国的弗雷德里克·约里奥-居里（Frédéric Joliot-Curie）、著名的共产主义战斗分子,他领导法国国家科学研究中心（C·N·R·S）,并且是原子能领域的首席高级专员。
辛克莱　更是由一位执政军人任命:戴高乐（De Gaulle）将军!
纳坦　而且,共产主义分子在那儿代表的人比这里多!
辛克莱　我们的资本主义却歇斯底里。如果它侵犯了世界,我们将认识一个新型的独裁者,哪怕他是隐蔽型的!
爱因斯坦　现在,成为被怀疑人倒是一种荣幸。我有一帮好伙伴陪着:伯恩斯坦·莱昂纳德（Léonard Bernstein）、格雷厄姆·格林（Grahm Greene）、诺曼·梅勒（Norman Mailer）、格鲁乔·马克斯（Grouho Marx）。当然，也有同名的朋友！亚瑟·米勒（Arthur Miller）、约翰-史坦贝克·欧内斯特（John Steinbeck Ernest）、欧内斯特-米勒尔·海明威（Ernest Hemingway）等。

无与伦比的美丽世界！

辛克莱 这就是法西斯主义！庸人不仅是统治者，而且残害好人、善良人……

爱因斯坦 头号的、十恶不赦地反对聪明与才智！

纳坦 反对自由！

辛克莱 思想意识的自由被践踏。悲惨哪……

爱因斯坦 这就是为什么我无数次地撰写文章、发表演讲，只为参与其中。

纳坦 教育和媒体本应该帮助国民觉悟，而不是削弱之。

辛克莱 政治觉悟在安逸和富足中被扼杀了，这就是被法国人乔治·迪阿美德（Georges Duhamed）所称做的"屁股的安逸"。

爱因斯坦 协调政治和精神很难噢！然而，为了保证民主，没有其他的路可走。我曾经对自己屁股的安逸有些许担忧！可能为此，我时刻处于警惕状态吧。

辛克莱 在这方面您是我们这些人的榜样。

爱因斯坦 我没有失去生命，只因为我努力赢得生命！

第 五 幕

时间:1954 年。
地点:普林斯顿,爱因斯坦家中。
他更虚弱了。海伦·杜卡斯陪着他。
他的继女玛戈特在医院里。
尼尔斯·玻尔最后一次探望他。
一名物理系大学生造访爱因斯坦。

第一场

（海伦一个人像往常一样整理信件。

过一会儿，她拿起电话，拨了一个号码）

海伦　您好！小姐。我是爱因斯坦教授的秘书。请给我转爱因斯坦·玛戈特的病房，对，谢谢。

（稍候）

喂，玛戈特吗？您身体好吗？夜里睡得好吗？您不舒服？是的，真是一次考验。教授睡得很好。但是他相当虚弱。贫血，是的。

（稍候）

我想告诉您，教授他今天不能去探望您了。他今天有好几个约会。和往常一样！您知道的，一个大学生恳请见他！如果他对这个学生有好感，他会与学生谈上几个小时的！他明天去医院，肯定去。您是知道的，他很爱您。对，当然。好好休息吧，嗯……勇敢些！

（她挂断电话，又开始分信件。

过一会儿。她站起身，轻轻地敲一间房门）

教授先生。请允许我提醒您，来访的大学生快来了。

（只听见呼噜声）

十点钟了，他该不会来晚吧。

（又是呼噜声。

然后，听见爱因斯坦说）

爱因斯坦　我就来！

（稍后）

第二场

（爱因斯坦出现。满脸不悦）

爱因斯坦　海伦，我永远也做不到了！

海伦　（丈二和尚摸不着头脑）
您怎么了，教授？

爱因斯坦　（易怒地）
您太知道怎么回事儿了。这就是多少年来，我以肉博之战为之奋斗的是领土统一。到头来，竹篮打水一场空！另一个我或许能达到！然而，我是多么地欣喜，在我死之前能证明我的预感是正确的……

海伦　（惊吓地）
教授先生，我请求您了，别这样说吧！

爱因斯坦　海伦，睁大眼睛看看，我一天比一天虚弱。至少6年了，我就是身处在缓刑期呀。

海伦　但是您一直很积极的！

爱因斯坦　到尽头了，海伦，到尽头了！
（稍后）
死亡，没有什么比这更自然的了……

海伦　您没有很好地保重身体。

爱因斯坦　有什么用。我的生命，就是和愚笨斗争。
（微笑着）
斗争无止境，海伦，愚笨不断啊！

海伦　您已经75岁高龄，要注意多休息。

爱因斯坦　好吧，一个永久的休息在等着我……很快。

海伦	（害怕地）
	别说这个嘛！
	（稍后）
	如若这一天来临，您的家将会什么样子啊？
爱因斯坦	肯定不是一个对圣者朝拜之所！不要崇拜我这一身老骨头！像我的玛雅妹妹一样，火化了事，这最好不过了。让我的肉与骨随风飘去吧！飘向高山、飘向大海、飘向四面八方吧！
海伦	（担心地，转换了话题）
	您读这份报上的文章了吗，是介绍您发现宇宙定律的。
爱因斯坦	没看，这些记者，他们都疯了！总是弄些引起轰动的爆炸新闻！爱因斯坦的名字就是害人，卖座之源！当再无什么可写的时候，他们就开始编造，无所顾忌地编造，我还要遭到包围……什么都不为，分毫不值！
	（他脸色突然现出疲惫，坐在沙发上）
海伦	您肯定能达到目标，千万别感到懊恼。
爱因斯坦	怎么不懊恼呢，海伦。这将是我生命中的败笔。
	（片刻）
	而且，对统一、对和谐的这份情感，这是开启世界的钥匙，难道只是讲套话、发狂热吗？我的狂热。新一代的物理学家，没有任何人能分享它了……

第三场

（门铃响了，海伦站起身）

海伦　　　肯定是大学生来啦。
　　　　　（她去开门，互相问好。
　　　　　一个腼腆的、充满敬意的年轻人走进来）

大学生　　教授先生，认识您，我真的太高兴……

爱因斯坦　（打断大学生的话）
　　　　　请进！别客气。请坐……说说您感兴趣的吧。

大学生　　夫人嘱咐过我，不要使您太累了。您是这么和蔼可亲……

爱因斯坦　什么让你担心了？

大学生　　那篇关于统一和简化物理包含磁场的物理场的统一的文章。我曾喜欢……

爱因斯坦　（坦率地）
　　　　　这是一个错误！
　　　　　（学生仿佛被雷击般）
　　　　　错误是我们媒体的伤疤。永远不要相信这是真的，因为这是写出来的！

大学生　　（结结巴巴地）
　　　　　啊，是啊。我原认为……

爱因斯坦　永远不要认为如何。应该知道如何！

大学生　　我曾想过……

爱因斯坦　想！应该学习如何想！这可是应该重视的事，如同帕斯卡（Pascal）所言。这可是人的荣耀……

大学生　　（努力跟上爱因斯坦的话）

	噢，对。肯定是。
爱因斯坦	（缓和的口气）
	想，这是一个长期工程建设。我所有思想都确定在这个"想"的基础上。
	（稍许）
	在你这样的年纪，我也很贫穷。如人们所讲，我吃了疯牛肉。然而有时候，根本就没有牛，何谈吃牛肉！但是物质的贫乏比起精神的缺失就算不得什么了。学习、研究、修改，对想法提出质疑，并且公布之，以期提高智慧，太棒了！想象过着艺术家的生活……这是资本！你认同它吗？想像是一种绝妙的工具。
大学生	我认同您，而且……我赞赏您！
爱因斯坦	应该解放想象。在你这年龄应该选择这条令人振奋的道路。
	（稍后）
	我记起在伯尔尼时的一些事儿。我和几个朋友一起，我们组成了"奥林匹克科学院"（Olympie）。能想象吧！
	（他笑了）
	简直是开玩笑，当然了。你看我像科学院士吗？穿着睡衣，不穿袜子对不对？
	（他们二人笑了，
	大学生现在开始自然些了）
	这曾是一餐美味，享乐至上嘛："什么美好的事儿能比过得快乐、贫穷更好呢！但是我们不缺乏主见，从四面八方而来的主意多极了。"
	（爱因斯坦专心回忆一会儿，
	笑容出现他的唇边，海伦给他递上饮料）
大学生	（大着胆子，小心翼翼地）

	您那时候已经走上发现之路了吗？
爱因斯坦	（回到现实中）
	当然了！我们满怀热情地为发现而工作！
	两年后，我发表了我生命中最为出色的见解：狭义相对论！
大学生	这太动人了。从那时起，您就出名了！
爱因斯坦	噢，对！我曾出过名，有时是被过分地赞扬……
	（他笑了）
	甚至我曾被圣化如在美国大峡谷（Grand Canyon）的印第安人头领罗比（Hopi）！
	（突然变严肃了）
	但是也曾遭人憎恨过！
大学生	怎么可能？
爱因斯坦	所有超越的、所有妨碍人的都会引起仇恨。
	（稍许。然后他开始笑）
	一天，某人写信给我："您是愚蠢王子，您犯了一个反人类学的错误！"
大学生	人们怎么能如此憎恨这一伟大的发现呢？
爱因斯坦	这是所有先锋者的命运。不被理解、遭受打击、甚至受到惩罚！要是在16世纪，我准是被点燃的柴火。
	（他们笑了）
爱因斯坦	叔本华（Schopenhaer）曾说过："人们因其是幸福的，而感觉无比幸福，而比其本来所拥有的幸福更幸福。"这是一个伟大的智者，千万不要忘记他。
大学生	您喜欢哲学吗？
爱因斯坦	是的，我曾经喜欢过。我甚至曾经有过教授哲学的念头！我可怜的父亲并没有这一愿望……因为他想要具体的。
大学生	我倒不明白……

爱因斯坦	（突然更阴郁地）
	他没有运气。而我最大的遗憾,就是他没有看到我的成功。他过早地去世使我非常的伤心。
大学生	（沉思）
	一位因儿子而感到骄傲的父亲应该充满无限的幸福而光辉照耀。
爱因斯坦	你的父亲还没有机会吗?
大学生	我从未见过我的父亲。
爱因斯坦	抱歉,你今后更要学习哲学了。哲学能帮助你。
大学生	我希望如此。
爱因斯坦	遗憾的是哲学长久以来被宗教的形而上学和教条主义所毒化……而这远未结束!
大学生	您不是宗教者吗?
爱因斯坦	是,当然是。
	（他笑了）
	但是斯宾诺莎（Spinoza）式的。我沉浸在自然中。如同开普勒（Kepler）一样,我并未发现上帝存在的几何论据。但是我非常欣赏生命的能量。此神乃我事业的基础。但是喜欢作为一个形同人的物件,奖励或者惩罚他的孩子们,如一具粗俗的俗子模样,这就太幼稚了!
	（稍许）
	而我并未因年龄而变得笃信宗教。
	（他微笑）
	总之,我是个异端分子……在方方面面!
大学生	这毫无疑问是您的力量所在。
爱因斯坦	如同很多年轻人一样,我曾遭遇过一次小小的神秘主义的危机。人们甚至讽刺我,说我是"神秘主义的原子"。但是我很快感到一种深深的憎恶,如人们所云,对于"书

	本宗教"中固有的受虐狂的反感。关于战争和痛苦，我发现教士深受其罪！
大学生	好像您觉着一切都很怪异？
爱因斯坦	不，当然不是，那正是人们脱离幼稚症的时期。耶稣的福音聪慧、佛（Bouddha）的哲学、孔子（Confusius）或者希腊的思想家的哲学能够帮助创造生活的意义。但是人们就可以坐享其成吗，人应该行动、建设、打造自己的生活和世界，而不能消极等待。
大学生	谁给您留下最深刻的烙印？
爱因斯坦	很多人。

（稍许）

我首先说说康德和他的全球和平计划。我 15 岁时就开始读他的书了！我为斯宾诺莎的万有神论所迷。统一了精神与身体的休谟（Hume）被柏拉图（Platon）愚蠢地分开之。叔本华，尽管他消极。尼采（Nietzsche），耀眼的、富有诗意的、除污的。还有我的朋友伯兰特·罗素（Bertrand Russell）严格和慷慨……

大学生	我没有想到休谟影响了您。
爱因斯坦	很重要的，我年轻的朋友！对于一个科学家来讲，他是第一个那么明确地肯定，仅仅有两种好工具可以认识现实：数学和经验。句号，就是这些！迦利略（Galiliée）察觉他，他写道："自然书籍是用数学语言写就的。"而且迦利略还积累了经验，并且创造了工具。

（稍后）

哲学的厚度，就是说："当人们能做复杂事情的时候，为什么做简单的呢？"

（他笑）

物理也如是！

	我欲统一和简化物理,关于著名的质能公式 $E = mc^2$ 模式……这是一个美妙的梦想!
大学生	犹太文化对您有影响吗?
爱因斯坦	我本该有时间感知犹太文化。但是生命的圣地,集体意识将如此之多的犹太人推向社会主义,在世界美好面前的赞叹,所有人的司法意愿、道理,自斯宾诺莎到卡尔·马克思(Marx),对,这一切造就了我,并且部分地确定了我的生活作风。
大学生	这些解释了您的研究吗?
爱因斯坦	我一无所知。我喜欢干零活、修修东西,可没有动手做。我熟悉我家的实验室,但我却投入物理理论的研究。
大学生	您在这方面的研究是出类拔萃的。1911年,在布鲁塞尔的第一次苏威(Solvay)大会上,您是最年轻的物理学家。我为此深感震动。
爱因斯坦	对于很多同行,我欠了一大笔债。特别是数学家们。庞加莱(Jules Henri Poincaré)为"时间空间"开启了一条宽广大路。
大学生	您太谦虚了。
爱因斯坦	不是谦虚。我有历史…… (他笑了) 和相对论的常识。 面对太空,我们都应该谦逊。诸多满脑子充斥其"发现"的学者们更要谦逊。特别是那些善于高谈阔论、咬文嚼字的哲学家和神学家们更应谦逊些。
大学生	可是也有例外。
爱因斯坦	幸好,有例外。 (爱因斯坦一个人开始大笑, 在大学生疑惑的目光下)

第五幕

抱歉。我突然想起我的一个科学课的老师，他曾预言我在物理上将一事无成！

（他冲着大学生坦率地笑）

好几个老师认为我游手好闲、又懒又笨、充其量是个爱好者而已。其实学校特别赏识鹦鹉学舌之人。我很快，真的，便有了"国家以教育之名欺骗年轻人"的想法。我引起了名为马克·塔木德（Max Talmud）的一个学生的兴趣。我还是一个 11 岁小男孩时他就教会我很多东西，这就是奇妙的东西。

大学生 那么，您的志向呢？

爱因斯坦 毫无疑问，当然有，大多数的同窗学友错误地看待我。我本应该和他一起玩球、一起为粗野的玩笑而大笑等。

大学生 您那时离群吧？

爱因斯坦 孤独具有创造性。应该使之具有品味和力量。但是，团组的压力极具恐惧力。首要的是，必须学习如何应付每个孩子。这是争取民主的良好开端，不是吗？

大学生 最初他们讽刺您吗？

爱因斯坦 肯定是的。您知道我是如何确定其中的好意吗？

大学生 不知道。

爱因斯坦 18 岁以前，摒弃来自偏见者关于精神的坚固层面。而无保护伞。例如：大概 1920 年，在布拉格（Prague），一天，一个大学生建议我写一篇学术论文证明原子能量能够形成巨大能量的爆炸。我怎么做的，你以为呢？我让他碰一鼻子灰，像一个教授那样对他说："这个建议我是完全不予考虑的。"

还有更糟糕的。你知道吗，我的父母觉着他们给世界生了一个愚蠢的人。像福楼拜（Flaubert Gustave）的作品《家中的低能儿》（*L'idiot de la famille*）里的主人公一样的家庭笨蛋。

（他们大笑）

大学生　怎么可能！

爱因斯坦　好像我开口讲话太晚。而后，我已大大弥补了。

爱因斯坦　我可怜的父母感到不知所措了。

（面对极为惊讶的学生，他开怀大笑）

我记得 5 岁时，我是怎样以某种方式发现了北。对，就是一个指北针，可以这么说，它打开了我的眼界，就是这个指针，它永远指向北，我惊讶又困惑。我要弄懂它。我一直想弄明白。我就是这样开始了研究使命……

大学生　令人惊叹。一个物件竟然决定了一生！

爱因斯坦　这却没有阻止一个老师在 10 年之后认为我将一事无成。

大学生　您只读哲学和关于学者们的书吗？

爱因斯坦　不只是，我也喜欢文学：歌德（Goethe）、席勒（Schiller）、莎士比亚（Shakespeare）的……，蒙泰涅（Montaigne）、伏尔泰（Voltaire）的作品，当然还有其他所有的古典作品。

大学生　您不读现代文学吗？

爱因斯坦　噢，当然读。我喜欢罗曼·罗兰（Romain Rollant）的和平主义。我在瑞士沃韦（Vevey）见过他。我在布拉格曾经遇到过马克斯·勃罗德（Max Brod）和弗朗茨·卡夫卡（Franc Kafka）。我还喜欢伯纳特·萧伯纳（Bernard Shaw）的批评精神和厄普顿·辛克莱的勇敢战斗精神。他们两位都成为我的朋友。

大学生　您也培育友谊吗？

爱因斯坦　噢，是啊！这是财富！

尽管生活之不定和相距之远，我一直和青年时代的朋友保持联系：贝索（Besso）、索罗文（Solovine）、奥托·哈恩

（Otte Hahn）、还有已去世的马塞尔·格罗斯曼（Mancel Grocsman）……在这儿我也有很多好朋友，比如卓别林（Chaplin）、比如保尔·罗伯逊（Paul Robeson）。我永远不会忘记那唯一的、特别的时刻：当时我的父母尝试在意大利碰碰运气，而我在瑞士读寄宿学校。那是些可怕的日日夜夜。我变得抑郁、消沉。我本该火速地去找他们！要知道，我们远离了"愚人玩偶"。

大学生 您令我吃惊。

您甚至为您的痛苦而笑！

爱因斯坦 幽默，我的朋友，难道这不失为接近生活的最好方式吗？

大学生 也许吧。

爱因斯坦 生命何其短暂。与其遗憾、哀叹地度过，不如更好地去做。反对社会的最为严重的卑劣攻击，这是系统地摧毁人们的觉悟和乐观主义的企图哇。

（稍后）

如果我们有在寄宿学校教室里的照片，你一定要看看。大家统统是伤心、难过、忍无可忍的模样。仅有的一个带笑模样的人，那就是我。

第四场

(有人敲门,海伦站起身,去开门)

海伦　噢,是玻尔先生,请进。
玻尔　您好,夫人。我们的朋友身体好吗?
海伦　他正和一个大学生谈话。您知道,他从不抵拒年轻人。请进。
(爱因斯坦和大学生站起来)
爱因斯坦　亲爱的朋友,你好吗?我给你介绍这位可爱的大学生。
(他们互致问候)
玻尔　你们讨论物理还是数学?
爱因斯坦　不讨论物理也不谈论数学。我们谈教育、谈哲学。这同样重要!
玻尔　(转向大学生)
我们不能只是过方程式生活,对不对?
大学生　我也这么想。生活如此丰富多彩!
玻尔　瞧瞧,多么杰出的话,我折服了。阿尔贝特也是。
(稍后)
从来没有过像阿尔贝特一样的即有学识才华又民众化的人吧?
爱因斯坦　别夸大!
大学生　没有夸大,教授。您是奇才,一个非凡的人。对很多人来说,您是空中耀眼的一颗星。
爱因斯坦　为什么不是一颗太阳呢?可是……我有我的衰落之日!
玻尔　你在这儿给我们唱的什么调?

第五幕

爱因斯坦	我自知我的临界线和……我的错误!
玻尔和大学生	接着说,说呀!
爱因斯坦	一个绝好的例子:我永远也没有搞懂棒球的规则!

(他们全笑了)

爱因斯坦	(更为严肃地) 你回忆一下,尼尔斯(Niels)。 我发明了宇宙学的常量,对此我曾有演示。我投入了多少时间接受膨胀的宇宙?而普朗克(Plank)、海森堡(Heisenberg)的理论呢?
玻尔	我知道。我们奋斗了很久。但是你的异议促使我们精炼了我们的理论。
爱因斯坦	我仍然徒然无果地顽固坚持,统一万有引力、光学、电学和电磁学。
玻尔	怎能永远知道乌托邦空想有时竟变得现实了。你可能不止一次地推进了你的那个时代。确实你在墨子力学方面的坚持令我们大多数同行感到吃惊,甚至失望。
爱因斯坦	(松了一口气) 我曾无数次地重复:上帝不玩骰子!
玻尔	我让你注意着点,算是白说了:你是何等人物竟然对上帝说他该做什么?

(他们笑。
海伦给玻尔拿来一杯饮料)

爱因斯坦	傲慢?自负?神经?老年痴呆? (其他人不同意他这样说)
海伦	您怎么能这样说呢? 全世界都知道您的才华!
爱因斯坦	(转向大学生对他耸耸肩) 我们从中吸取教训吧。要遵守科学精神到底,是很困

难的。你们看看，普朗克以他发现的量子魔鬼偷窃我之闪光的物理，粉碎了我的物理和谐之理念！海森堡和他的不明确的原则，将我的和谐宇宙变成了一个赌场，一个粗俗的造币机。他们蒸发因果关系之时，正是我苦苦追求发现的事业高峰之时。

（强打精神）

这真是令我费劲之极的。

玻尔	当一个学者，可比做普通人难啊……
爱因斯坦	人道，太人道了，尼采如是说。
玻尔	看到无政府主义的爱因斯坦拒绝原子的无知政府，真叫怪！保卫道理，就是沿着一条两侧有险峻山脊的路行走：诚意和无知。
爱因斯坦	对，对。我就是一个走钢丝的杂技演员！一次，人们曾建议我在杂技演出时登台露面。世界就是一个竞技场……
大学生	（迷惑地） 一个杂技演员？
爱因斯坦	是啊，对。甚至一个小丑，不是吗？ （他笑，然后变严肃） 人们以为我创造历史：$E = mc^2$、原子弹、和平主义……这是荒唐无稽！
玻尔	建立在如此多的真实现象的基础上。
爱因斯坦	还不如说我是个历史的"玩偶"呢！
玻尔和大学生	怎么这样说？
爱因斯坦	而且，一切都结束了．事情，就像你们和我！我曾经以为是纳粹的原子弹，因此反对、抵抗。自从1938年，哈恩（Hahn）和斯特拉斯曼（Strassman）在柏林发现了铀的核裂变现象！

第五幕

玻尔　　　我们与灾难擦肩而过！

爱因斯坦　我当时不知道海森堡犯了错，事实上，自1942年以后，希特勒忍耐不住而转向调整制造更为容易的武器。

玻尔　　　放心吧。没有什么其他的东西，只是刺激美国人而已。

爱因斯坦　但是，今天，我亲爱的物理变成了世界恶梦！而世人均以为我是原子弹之父！

玻尔　　　（面带微笑）

给富人以口实了！

爱因斯坦　这并不奇怪。在祝贺我的同时，新闻出卖了我。你们知道吗？在长崎（Nagasaki）被炸48小时之后，格罗夫斯（Groves）将军这个蠢人——曼哈顿计划的老板就发表了一个小册子，在小册子中他把自己的军事胜利和我写给罗斯福（Roosevert）的信以及我的 $E=mc^2$ 公式掺合在一起了！

玻尔　　　这可能是一个感谢的姿态吧。而且自由世界在向您表示祝贺！

爱因斯坦　你知道的，除了爱德华·泰勒，所有物理学家深感震惊，他们都被军事、政治所操纵，可能明天就被钱财所操纵。

玻尔　　　科学总是被亵渎，这是人道主义思想的灾难。齐拉特在海豚研究中避难，而费米（Fermi）则在宇宙射线研究中躲藏。

爱因斯坦　而奥本海默－曼哈顿计划的领头人，却被带上法庭，只因为他反对武器竞赛。

（稍后）

而以氢弹引为自豪的泰勒嘛，他才是罪犯！我们大家统统是历史的囚徒，比诺贝尔更无能为力。尽管诺贝尔为和平而创立了和平奖，他自己却为此吃苦受罪！

玻尔 你领导原子学者紧急委员会，这是我们的朋友齐拉特早在1946年就想创办的呢。

爱因斯坦 可是这又算得了什么！有哪个政府听我们的？而知识分子……

（他们转向大学生）

如果心知肚明却只知道闭口不言的人，又如何拯救受剥削的人民呢？

应该在各地唤醒民主警惕性，由此发展伦理精神播种伦理之说。

海伦 （向大学生）

教授先生是伦理主义者，是不是？

玻尔 （微笑）

这比在试验室里搞试验更难……

爱因斯坦 他们欺骗民众。我永远忘不了1946年7月1日《时代周刊》的封面。你还记得吗？尼尔斯，我的头在原子弹爆炸后的蘑菇云上方，那里还写着著名的公式 $E = mc^2$，蒙太奇式的、魔鬼般的剪辑！

大学生 这肯定是要表示尊崇……

爱因斯坦 错！绝对错！我从没有为原子弹工作过。这是在我后背插了一把匕首！

玻尔 别这么激动，阿尔贝特，你在伤害自己。

海伦 教授向来和伪造及不公正现象进行斗争。

爱因斯坦 （情绪趋于稳定）

我如同一座老式钟表，固执地在一幢失火的大房子里指示着钟点！

海伦 但是，全世界都在看这座钟表的时间！

玻尔 你的批评继续拓开自由之路，一条通往四面八方的思想自由之路。

第五幕

爱因斯坦	受控的科学和自由的炸弹!
	(说完他笑了)
	而我的相对论,变成什么了?一个世人嘴里的平庸之辈。要当爱因斯坦的门生,只说"这是相对的",就足够了!世界变成一个太特别的避难所:所有赶大车的车夫和所有咖啡馆的服务生都辩论相对论的正确与否。
海伦	但是为有一个美好世界而奋斗的所有人或多或少均为您的门生。
爱因斯坦	(转向大学生)
	在你这样的年纪时,我只梦想科学、研究和……清静!一件智慧的、令人兴奋的、更有点疯狂的、有声望的事。
	(大学生作出一个否认的手势)
	是,是的。有点疯狂。发现世界的钥匙、上帝的秘密!
大学生	宏大的雄心壮志,教授先生!
爱因斯坦	教授!我几乎不曾是教授……生活使我成为律师。当然,理想是极好的。只是,往往是逝去的理想。
玻尔	打造公民的觉悟,理想永远不会逝去。
海伦	(对玻尔说)
	教授为此付出太多精力。这是最最困难的战斗。
爱因斯坦	政治的、军事的权力只是表象,是屏障。但是金钱的权力,这是无法改变的事实。这是隐藏在所有一切后面的弥障。
	(稍后)
	总而言之,再明显不过,一个贫穷的、孤独的物理人,受到他的同辈人唇边赞誉过的……,而且是习惯性的……是极具可怕性的……一个被表象和荣誉吞噬了的受害者!
	(稍后)

	我曾说过、写过,一个消防员都比我更自由,我若再生,投胎转世一定当司泵工。
	(他大笑起来)
	而且很快,我很快就能当上消防员工会的名誉主席!
海伦	但是联邦调查局却视他如一个纵火人。
玻尔	你就是一个榜样,阿尔贝特。你解放了学者们的想象力,同时肯定理论之优先地位。
	你记得吗,马克斯·普朗克称你为20世纪的伟大宇航家(Le Copemic du 20ᵉ siècle)!
爱因斯坦	这是实践!
	我的试验室就在我的帽子里,在我的大脑中。
	(大家开怀大笑)
玻尔	阿尔贝特,将来有可能证明你有道理。有时候,梦想,甚至表面上显得更为疯狂的梦想,却创造现实。毕竟,人们最终飞起来了……而且比鸟儿飞得还快!
大学生	玻尔先生说得对。您的作为是我们的文化历史中最为出色而丰富的。您永远是我们的榜样。
爱因斯坦	榜样?尽管我的愚蠢?
	1914年,正是战争之前,我离开和平的港湾瑞士,去了德国!
	我推动罗斯福制造原子弹。
	(他开始大笑)
	而且我结过两次婚!
玻尔	(笑着说)
	当然,这不是由此你做得更好嘛!
	但是无人百分百完美,对不对?
大学生	您改变了我们对世界的看法。不再依照别人的指指点点,该如何如何,管他怎么解释,结果如何。结果就是结束。

第五幕

爱因斯坦 结果都有益处吗?

玻尔 结果就是人们将照此而行。

海伦 您播种的正义和自由的思想将发芽、生根、长大。

爱因斯坦 我想过支持所有弱者……获得自己的权利,但是那么多的人民仍处于被操控中。那么多的思想界、政治界、社会各界的少数派处于被挤压中!到处,武器商不受制裁地发达!我们却被世事所淹没!

玻尔 阿尔贝特,你不能独自一人承受世界的重压。

爱因斯坦 甚至在我们这儿,尼尔斯。甚至在我们这儿……

(稍许)

刚刚从红色的或黑色的法西主义手中被拯救出来,我们的民主就处于病态,多么地脆弱!被愚蠢的游戏和消耗而变为愚钝的人们!公民究竟在哪里?

(稍后)

我常常想:美国是一个唯一的样本,一个经历了从野蛮粗俗到衰落的样本,一个不了解文明的民族。因为衰落,仍然是野蛮成性!

大学生 我们这些年轻人,我们应该行动起来,争取真正的民主。

海伦 这就是我想说的,年轻人,你们是我们的希望……

爱因斯坦 太经典了。这就是我最为伟大的棋子。

海伦 我听不明白。

玻尔 什么棋子?

爱因斯坦 (严肃地)

如同伊拉斯谟(Erasme),我是人类疯狂的客观目击者。如何保护道理的热情,和……道理的利益?或许,我改变了科学的课程和世界的看法。或许,我以我的科学荣誉服务于我的精神愤慨。

玻尔 我们都是这一切知情的证人。

大学生	您是如此少见、如此优秀绝伦的榜样!
海伦	谁又能夸耀如此这般的作品?
爱因斯坦	但是,我却以惨败收官。
玻尔	何以如此说?
爱因斯坦	在改革思想方面。我本来要解放诸如陈规、信仰、评判等诸方面的思想。使之在世纪之初的科学革命中完成其质的跳跃式的成功。
玻尔	需要时间。
大学生	您已经播下种子了。收获在即,正如夫人所讲。
海伦	如此的挚执不会白费的。
爱因斯坦	克罗马农人还管理着我们的精神生活。可能更糟糕,愚蠢啊!
	(勉强地微笑)
	而且甚至可能我中伤他们了呢!
	因为今天以眼还眼,以牙还牙,还有,所有一切,不管什么都是为了现实——金钱!
	(带着不耐烦的手势)
	我本想有种精神革命,本想宣示理想的具体体现……
玻尔	你知道的,变革进行了几百年。要有耐心!
爱因斯坦	(强烈地)
	但是,今天,迫在眉睫!
	(苦笑)
	我是在光的指引下开始我的生命之旅。有了光,我给世界新的一天的照明。我原来甚至想把光带给精神世界,点燃内心……创建一个高智商的、自由的、博爱的王国。
	(稍后)
	我为人类感到遗憾……
	(他强笑着)

来吧,我的朋友们,到我的办公室来……一起来玩我们亲爱的方程式吧!
(海伦慈母般地微笑着,注视着他们走去)

——幕　落——

附录一：注　　解

p. 15

《凡尔赛和约》（le traité de Versaille）第一次世界大战结束，取得了决定性的、前所未有的胜利，这使德国的经济陷入困境。但明眼之人很快从中看到之后形成纳粹主义的萌芽以及其正在孕育着第二次世界大战，因为当和平再度来临之时，魏玛共和国（la République Weimar）也随之瘫痪。

p. 16

爱德华（Eduad），爱因斯坦的小儿子，与前妻米列娃·玛利奇（Mileva Maric）所生。他终生遭受心理性精神紊乱的苦痛的困扰。

米列娃·玛利奇，塞尔维亚女大学生，是爱因斯坦在苏黎世综合技术学校学习时，同班里唯一的女学生。爱因斯坦力排父母的强烈反对娶了她，并与她在不经意中生育了一个女儿和两个儿子。

p. 17

厄洛斯（Eros），希腊神话人物，爱神，生活中爱冲动。

小鬼塔那托斯（Thanatos），希腊神话人物，死神，有爱心，代表死亡冲动。他们共同争论人的灵魂问题。

p. 18

加利福尼亚著名的工学院（Caltech），曾多次聘用爱因斯坦在工学院任教。

爱因斯坦一家刚刚安顿在德国距柏林不远的小城卡普特（Caputh）乡下的一座房子里。但是他们走后不久就被纳粹掠夺一空。

p. 23

一篇由"爱国女性"协会主席弗罗辛厄姆（Frothingham）夫人发表的荒谬诽谤短文。短文控告不信教的爱因斯坦是一个假学者，攻击他竭力在自然规律和科学原则上炮制混乱和无序。企图以此阻止爱因斯坦来美国。尽管这些是荒诞之词，却还是以多达16页的爱因斯坦档案材料送入美国联邦调查局。美国联邦调查局于1932年12月4日答复在《纽约时报》上，诙谐地提及"忠实的鹅们咕哒咕哒的叫"，大概想拯救被蛮族侵袭的罗马吧。

p. 30

哈恩（Otto Hahn）（1879~1968年）：德国化学家，与美国物理学家斯特拉斯曼（F. Strassmann）一起发现了铀的核裂变现象。获1944年诺贝尔化学奖。

p. 35

《百名作家反对爱因斯坦》，这是受仇视犹太人和由纳粹授意而出炉的书籍，1931年在莱比锡出版。

爱因斯坦于1921年获得诺贝尔奖。但此前，尽管他自1905年发表了5篇革命性论文，尽管被最著名的物理学家们多次推荐，他也未曾获奖。

p. 61

洛斯阿拉莫斯（Los Alamos），位于美国新墨西哥州，是曼哈顿原子计划研究中心，拟制造美国原子弹。罗伯特·奥本海默（Robert Oppenheimer，1904~1967年）自1943年开始领导这一中心。他于1954年在一起著名的诉讼中被控告犯有叛国罪，此诉讼启发了某些作家。

p. 64

两位比利时反对者：马塞尔·迪厄，无政府主义者，以笔名赫达（Hem Day）签约的多产作家和莱奥·康皮翁——著名的歌曲作者。

p. 69

物理学家马克斯·普朗克（Max Planck）不是纳粹分子，但是作为保守派爱国者，他控告爱因斯坦搞政治活动胜于科学活动。1933年，他要求爱因斯坦从普鲁士科学院（Prusse）辞职。这是3月29日希特勒夺取政权后他自愿所为。

p. 70

约瑟夫·罗特布拉特（Joseph Rotblat），杰出的波兰裔英国原子能物理学家，于1995年获得诺贝尔和平奖。皆因其合作创立帕格沃什（Pugwash）协会，协会由爱因斯坦于1955年去世前不久发起，并在伟大的数学家、哲学家、和平主义者伯特兰·罗素（Bertrand Russell）参与下创立的，旨在反原子科学的世界运动。这一运动导致签署了原子武器不扩散条约。

p. 76

爱因斯坦做了大量的工作以支持在西班牙可怕的内战中奋战的共和分子。这是一场由反叛的佛朗哥（Franco）将军发起、墨索里尼（Mussolini）和希特勒（Hitler）给予支持的内战，以反对合法有效的共和国政府。他不停地揭露美国政治的表里不一。而墨索里尼则借此攻打埃塞俄比亚，以实现其建立罗马帝国之美梦。

p. 79

1941年12月7日，日本人空袭了美国人在夏威夷岛的重要基地——珍珠港（Pearl Harbor），至此，美国介入战争，在1939~1940年，美国被纳粹和法西斯分子视做一个虽然滞后崛起、参战迟缓、但是一个强大的战争对手。

p. 100

亨德里克-安东·洛伦兹（Hendrick Anton Lorentz，1853~1928年），荷兰科学家，1902年获诺贝尔物理奖，在创造物理电子理论方面是爱因斯坦的一个实际先驱。以他的名字命名的（空间和时间）转化公式可以找到他们对狭义相对论（la relativité restreinte）的解释。

p. 105

由托马斯·哈维（Thomas Harvey）切下的大脑、眼睛保存在新泽西州（New Jersey）银行的保险箱中，这件事确实存在，但却不为爱因斯坦的亲朋好友所知晓。

p. 108

格奥尔格-克里斯托夫·利希腾贝格（Georg Christoph Lichtenberg，1742～1799年），德国物理学家和作家，弗洛伊德（Freud）的先驱，以他的遗著《阿福里斯格言》（*Aphorismes*）一书著称，书中表现了伦理学家的雅致、华丽和幽默感。

p. 114

美国全国有色人种促进协会（NAACP [Nationd Association for the Adrancemen of colonred people]）：反对种族主义斗争的著名组织。1949年，世界处于"冷战"时期和朝鲜战争（1950～1953年）的前夜，对立双方为共产主义阵营和以美国为首的西方世界。

p. 117

盎格鲁-撒克逊白人新教徒（WASP [White Angto-sacon protestant]）：他们操纵了美利坚合众国创始人的后人和低等移民后裔群体之间的隔离。

p. 122

莱奥·齐拉特（Leo Szilard，1898～1964年）匈牙利物理学家、原子物理学家，与恩利克·费米（E·Femi）发明了第一个原子反应堆。坚定的和平主义者，他放弃原子研究，转而研究生物物理学。

p. 125

胡志明（Ho Chi Minh，1890～1969年），于1931年创建了越南共产党，与日本和法国占领者进行斗争。1946年，任共和青年的主席，于1954年当选越南民主共和国主席。他的著作和诗词反映了他的政治观点和生活理想。

p. 129

丹尼斯·枷柏（Dennis Gabor，1900~1979年）：英籍匈牙利裔物理学家，1971年获诺贝尔物理奖，1948年发明全息摄影，并于1963年借助激光得以发展。

格奥尔格·冯-贝凯希（Georg Von Bekesy，1899~1972年）：美籍匈牙利医学家，1961年获诺贝尔医学奖，特别奖励他在研究内耳功能、聋听方面所作出的工作。

阿尔贝特·森特-哲尔吉（圣捷尔吉）（Albert Szent-Györgyi，1893~1986年）：1937年获诺贝尔医学奖。他于1932年发现了抗坏血酸（即维生素C），于1936年发现了维生素P。

佐尔坦·巴乌（Zoltan Bay，1900~1992年）：匈牙利物理学家，雷达之父，又是用于测光米尺的新定义之父。1938在匈牙利学者腾斯拉姆（Tungsram）创办的原子物理部任主席。

米克洛什·霍尔蒂（Miklos Horty，1868~1957年）：匈牙利杰出的军人，自1920年以后，即是极具权威的匈牙利国家元首。他接近墨索里尼和希特勒，试图保持匈牙利的中立，但最终枉费心机、徒劳无益。1949年他避难于葡萄牙独裁者萨拉查（Salazar）门下。

p. 131

赫伯特-乔治·韦尔斯（Herber George Wells，1866~1946年）：1895年，出版《时间机器》一书。自1916年始，他希望1914~1918年的这场世界大战是一场"消灭战争"的战争，如爱因斯坦一样，他是一个世界政府的拥护者。

p. 132

萧伯纳（George-Bernard·Shaw，1856~1950年）：伊朗籍英国著名的幽默大师和戏剧作家，曾以其坚定不移的社会主义者和和平主义者自称。他揭露英国女王维多利亚时代伪善的清教主义社会，其文章非常犀利而挑剔。于1925年获诺贝尔文学奖。

附录一：注解

p. 134

在以色列—巴勒斯坦问题上，受爱因斯坦的特色态度影响的人，参见以下：

马克西姆·罗丹松（Maxime Rodinson）：法国人，阿拉伯世界问题专家，其文章《与阿拉伯人共生存》，刊登在《外交世界》2004年7月第28页；第一版刊于《世界报》1967年6月4～5日（战争前）。

亚·斯万（Eyal Sivan）和米歇尔·克莱费（Michel Khleifi）的电影：《181之路》（2002年），被评论为"犹太人和巴勒斯坦人的集体精神分析法"。（《外交世界》2004年7月第2页）1947年11月29日联合国组织181号决议试图解决两国领土划分的争端。

p. 139

"我是另类"（Je est un autre）：19世纪著名法国诗人阿尔蒂尔·兰波（Arthur Rimbaud）的著名格言。

p. 140

厄普顿·辛克莱（Upton Sinclair，1878～1968年）：持社会主义观点的美国论战者和小说家。其作品如：《丛林》（弱肉强食的世界）（1906年），因揭露了芝加哥屠宰场工人的工作状况，曾经引起轰动。1942年因《龙之爪》获普利策（Pulitzer）奖桂冠。他于1950年出版《致耶稣要人》（A Personal Jesus）一书。

p. 149

金日成（Jim Ilsong）：朝鲜共产主义领导人。

李承晚（Sygman Rhee）：韩国的独裁者。

p. 160

著名演员汉弗莱·鲍嘉（Humphrey Bogart）：他先是麦卡锡主义（MacCarthysme）的反对者，后很快转为归附。而华特·迪斯尼（Walt Disney）、伊利亚·卡赞（Elia Kazan）和罗纳德·里根（Ronald Reagan），他们在电影各界积极协作"驱红"。

卓别林（Chaplin）的作品《纽约之王》，作品将当政者麦卡锡（McCathy）早期反共产主义的形象描绘得惟妙惟肖、滑稽可笑之极。

p. 164

萨科（Sacco）、万泽蒂（Vanzetti）：意大利移民，无政府主义战士，于1920年无辜被控谋杀罪被拘捕。尽管国际上做了无数的保护努力也无济于事，他们于1927年被执行死刑。1977年，两人的冤案得以平反昭雪。

p. 185

约翰内斯·开普勒（Johannes Kepler，1571～1630年）：德国著名的天文学家，继丹麦人第谷·布拉赫（Tycho Brahé）之后的天文科学的先驱。他的规则建立在计算和观察的基础之上，他对天体运动首次做了严密的解释。

p. 191

让-保尔·萨特（Jean-Paul Sartre）：法国作家，著有一部关于居斯塔夫·福楼拜（Gustave Flaubert）生平的书，书名为《家中的低能儿》（*L'Idiot de la famille*）。

附录二：地名、人名及报刊、组织的译名

（根据出现在本书中不同篇章的译名）

A. 注释

1. Versailles　凡尔赛和约
2. Edward　爱德华（爱因斯坦之子）(1910~1965 年)
3. Mileva Maric　米列娃·玛利奇（爱因斯坦的第一位妻子，1948 年 8 月 4 日去世）
4. Eros　爱神厄洛斯，希腊神话人物维纳斯和阿佛洛狄忒之子
5. Thanotos　塔那托斯　希腊神话的小鬼化身，死神
6. Caltech　加州工学院
7. Californie　加利福尼亚
8. Caputh　卡普特（德国柏林附近的小城）
9. Frothingham　弗罗辛厄姆夫人，《爱国女性》协会主席，1918 年创立
10. FBI　美国联邦调查局（胡佛）；Le New York Times《纽约时报》
11. Otto Hahn Nathan　奥托－哈恩·纳坦（1879~1968 年）1944 年获诺贝尔化学奖
12. F. Strassmann　F. 斯特拉斯曼
13. Leipzig　莱比锡（东德）
14. Los Alamos　洛斯阿拉莫斯（美国新墨西哥州南部城市）；PROJET MANHATTAN 曼哈顿计划
15. Robert Oppenheimer　罗伯特·奥本海默（1904 年 4 月 22 日~

1967年2月18日），美核物理学家
16. Marcel Dieu   马塞尔·迪厄   比利时反对派
17. Hem Day   赫达，马塞尔·迪厄的笔名
18. Léo Campion   莱奥·康皮翁   比利时反对派
19. Max Planck   马克斯·普朗克（1858～1947年）德国物理学家，量子论的建立者，获1918年诺贝尔物理奖
20. Prusse   普鲁士 L'Académie des Sciences de Prusse
21. Hitler   希特勒
22. Joseph Rotblat   约瑟夫·罗特布拉特（1908～2005年）英国物理学家，1995年获诺贝尔和平奖
23. Pugwash   帕格沃什（加）新斯科舍省北部村庄
24. Bertrand Russell   伯特兰·罗素（1872～1970年），英国数学家、哲学家、作家，1960年获诺贝尔文学奖
25. Franxisco Franco   弗朗西斯科·佛朗哥（1892年12月4日～1975年）西班牙国家元首、政治独裁者
26. Mussolini   墨索里尼
27. Ethiopie   埃塞俄比亚
28. Pearl Harbor   珍珠港   美国夏威夷瓦胡岛南部的海湾
29. Hawaii   夏威夷
30. Hendrick – Antoon · Lorentz   亨德里克–安东·洛伦兹（1853年7月18日～1928年2月4日），荷兰物理学家，1902年获诺贝尔物理奖
31. Thomas Harvey 托马斯·哈维   医生
32. New Jersey   新泽西州
33. Georg – Christoph · Lichtenberg G – Ch. · 利希滕贝格（1742～1799年），德国讽刺作家、物理学家
34. Freud   弗洛伊德（Singmund，1856～1939年），奥精神病学医生，分析学派的创始人

35. Aphorismes 《阿福里斯格言》
36. NAACP 美国全国有色人种促进协会
37. WASP（white Anglo-saxon protestant） 盎格鲁-撒克逊白人新教徒
38. Leo·Szilard 莱奥·齐拉特（1898~1964年），美—匈物理学家
39. E. Fermi 恩利克·费米（美物理学家）Enrico F.（1901~1954年），获1938
40. Ho chi Minh 胡志明
41. Dennis Gabor 丹尼斯·枷柏（1900~1979年），英—匈物理学家，1971年获诺贝尔物理学奖
42. Georg Von Bekesy 格奥尔格·冯-贝凯希（1899~1972年），匈—美医学家，1961年获诺贝尔生理学、医学奖
43. Albert Szent-Györgyi 阿尔贝特·森特-哲尔吉（圣捷尔吉）匈—美生物化学家（1893~1986年），1937年获诺贝尔生理学、医学奖
44. Zoltan Bay 佐尔坦·巴乌（匈）（1900~1992年）
45. Tungsram 腾斯拉姆（匈牙利学者）
46. Miklos Horty 米克洛什·霍尔蒂（1868~1957年），匈牙利军人，海军军官，政治家
47. Salazar 萨拉查（1889~1970年）
    Antômio de Oliveira 安东尼奥·德奥利维拉（1932~1968年），葡萄牙政治家、独裁者
48. H.-G. Wells 赫伯特·乔治·韦尔斯（Herber George, 1866~1946年），1895年出版《时间机器》
49. George-Bernard Shaw 萧伯纳（1856~1950年）
50. Maxime Rodinson 马克西姆·罗丹松（法）
51. Eyal Sivan 亚·斯万

52. Michel Khleifi 米歇尔·克莱费
53. Victoria 英女王维多利亚时代 la société victorienne
54. Arthur Rimbaud 阿尔蒂尔·兰波 1854年10月20日~1891年11月10日 19世纪法国 著名诗人，16岁即已开始写诗，代表作《奥菲莉亚》《通灵者书信》
55. Upton Sinclair 厄普顿·辛克莱（1878~1968年）美国作家，改革家
56. Pulitzer 普利策 Joseph，1847~1911年，匈牙利裔美国新闻业者
57. Jim Ilsong 金日成
58. Sygman Rhee 李承晚
59. Humphrey Bogart 汉弗莱·鲍嘉 1899年12月25日~1957年1月4日，美国知名演员
60. Walt Disney 华特·迪斯尼（1901~1966年），美国电影动画片制作者
61. Elia Kazan 伊利亚·卡赞（1909年9月7日~2003年），土耳其裔（伊斯坦布尔）美国导演
62. Ronad Reagan 罗纳德·里根（1911~2004年），美国总统（1981~1989年）
63. Chaplin 卓别林
64. Sacco 萨科
    Vanzetti 万泽蒂
65. Johannes Kepdler 约翰内斯·开普勒 德天文物理学家（1571~1630年）
66. Tycho Brahé 第谷·布拉赫（1546~1601年）丹麦皇家数学家，天文学家
67. Jean-Paul Sartre 让-保罗·萨特（1905年6月21日~1980年4月15日），法国哲学家、小说家、剧作家，获1964年诺贝尔文学奖

L'Idiot de la famille　《家中的低能儿》
68. Gustave Flaubert　居斯塔夫·福楼拜（1821~1880 年）法国小说家

B. Nota Bene 后记

69. Fred Jerome　弗雷德·杰罗姆　美国作家，著有《爱因斯坦档案》
70. Editions Frison – Roche　弗里松－罗什出版社案
71. Fahrenheit　华伦海特　电影《华氏 9.11》
72. Luis Saramango　路易·萨拉马戈　获 1998 年诺贝尔文学奖
73. Condorcet 孔多塞 Marie – Jean Antoine（法）Nicolas Caritat Condorcet（1743~1794 年）狱中自杀身亡《孔多塞全集》于 1847 年巴黎出版
74. Michael Moore　迈克尔·摩尔

C.　préface（Avant – propos）p. 7 前言

75. Socrate　苏格拉底（古希腊著名哲学家）
76. Le FBI de Hoover　约翰 埃德加 胡佛领导下的美国联邦调查局
77. Hoover Herbert　赫伯特 克拉克 胡佛（1874~1964 年）美国总统（1929~1933），1947 年任政府行政部门政治委员会（1947 年设立，为直属总统的独力组织，称"胡佛委员会"）主席
78. McCarthy 麦卡锡　maccathysme　麦卡锡主义
79. Le démon de Maxwell　（James Clerk Maxwell）麦克斯韦（1831~1879 年），英国物理学家

附录三：比博里南出版社出版之自由话剧系列

※《宫中腼腆人》(Le Timide au Palais)

蒂尔松·戴－莫利纳（Tirso DE MOLINA）著，莫妮克·法布尔、让－皮埃尔·法布尔（Monique Fabre et Jean Pierre Fabre）译。

※《兰波的女儿》

雅克·吉梅（Jacques GUIMET）著。

※《1900年前后社会争议的话剧》

最新剧本由菲利普·伊韦内尔（Philippe IVERNEL），莫妮克·苏雷尔－蒂潘（Monique SUREL－TUPIN），杰妮·爱泼斯坦（Johnny EPSTEIN）和约翰·休斯（John HUGHES）推荐。

※《阿玛尔戈》(Amalgo)

诺贝尔·瓦纳罗（Norbert VANNEREAU）著。

※《圣迹区》(La cour des Miracles)

米歇尔·苏卡尔（Michel SOUKAR）著。在《金钱岛及沼泽院》(*suivi de l'Ile de Braise et de la Maison de Claire*) 之后出版。

（译者注："圣迹区"——该区乞丐集中，他们装扮成各类残疾人外出乞讨，回区后即刻恢复正常摸样，仿佛突然因"圣迹"而治愈一般。该区因此而得名"圣迹区"。）

后　记

美国著名媒体人、学者弗雷德·杰罗姆（Fred Jerome）的《爱因斯坦档案》（*The Einstein File*）一书（其法文翻译版本将在近期由弗里松－罗什出版社［Editions Frison－Roch］出版）基于最终解密的胡佛所领导的美国联邦调查局的档案基础上，通过细心地查找，确切地揭示了爱因斯坦的政治立场的持久性和差异性，反对具有顽固生命力的社会政治疾病，正如迈克·摩尔（Michael Moore）的电影《华氏9.11》中所证实的那样。

我们的民主在一片布满地雷的景色里举步维艰。比如：1998年诺贝尔文学奖获得者葡萄牙作家路易·萨拉马戈（Luis Saramango）于2004年4月在《外交世界》刊登的文章就证明了这一切。

爱因斯坦的勇敢、坚韧和好斗是名符其实的公民好榜样。他政治上的顽强使得捍卫者和民主充满了活力。

我们将坚决地驳斥孔多塞（Marie－Jean Condorcet）所写："与之相比，没什么可与人道和公正的准则相同，没什么可与建议人们据此准则约束自己的行为更为虚幻"。（关于黑人奴隶制的反省）

现如今，仍然还有很多"黑奴"存在。

而明天还会有更多的"黑奴"……与否？

马塞尔．瓦赞

译 后 记

亲爱的读者朋友们，你们读到和"看到"，并且了解了可爱先生、普通人阿尔伯特·爱因斯坦先生，而非大科学家爱因斯坦。你们一定发现了致力于世界民主和公众精神、积极促进公民意识进步的爱因斯坦。

在这里，他不是伟大的物理学家，而是有血有肉、有思想、有爱的普通人——如我们一样的、活生生的普通人，一个伟大的普通人。

爱因斯坦先生于1955年4月18日凌晨1点在美国普林斯顿告别了这个世界。离世前，他还说："我在这里做完了我的事情，没有遗憾。"爱因斯坦先生没有悲伤和恐惧，略带幽默地、平静、谦和、无一丝遗憾地离开了。

让我们记住他的话：

亲爱的后人，如果你们不能比我们更有正义感，更热爱和平，更加理智，那么魔鬼就会附身。我怀着深深的敬意在这里向你们表达我真诚的希望。你们的阿尔伯特·爱因斯坦。于1935年。

我们会永远记住他：伟大的普通人，伟大的世界科学家——爱因斯坦！